Mathias J. Kürschner

Martin Luther als Ausleger der Heiligen Schrift

BRUNNEN
VERLAG GIESSEN · BASEL

„EDITION ICHTHYS“ BAND 3 –
IN DER REIHE TVG-ORIENTIERUNG

Die Herausgeber der Schriftenreihe „Edition Ichthys“:

Bodelschwingh-Studienstiftung
Schwanallee 53, 35037 Marburg
http://www.bsh-marburg.de
http://www.agorax.de

Bodelschwingh-Studienhaus in Marburg
Studienbegleitung für Theologiestudierende
Seelsorgerliche Begleitung
Theologische Zeitschrift „Ichthys“
Studienfreizeiten, Seminare, Studientage

Krelinger Studienzentrum
Geistliches Rüstzentrum Krelingen, 29664 Walsrode
http://www.krelinger-studienzentrum.de

Theologisches Vorstudienjahr
Sprachkurse zum Graecum und Hebraicum
Theologisches Grundstudienjahr mit Bibelkunde
Religionspädagogisches Vorstudienjahr

www.brunnen-verlag.de
Umschlagmotiv: Luther predigt in der Stadtkirche von Wittenberg
Umschlaggestaltung: Ralf Simon
Satz: Die Feder GmbH, Wetzlar
Druck- und Bindung: St.-Johannis-Druckerei, Lahr
ISBN 3-7655-9101-7

„…dass der Heilige Geist kommen werde
und unseren Geist austreibt“
(WA 7, 97, 32-35)

Inhalt

Vorwort

Über Luther wird viel geschrieben. Vielleicht viel zu viel. Er ist darüber hinaus einer der wenigen Theologen, dessen Lebenswerk sogar als filmreif gilt. Erstaunlich eigentlich, dass dies für nur so wenige Vertreter dieses Faches gilt, dass eine Disziplin, die immerhin vom „ewigen Leben" zu sprechen weiß, so blutarm zu sein scheint. Befördert wird dieser Eindruck durch die vorherrschende – historische – Darstellungsform theologischer Texte. Unter dem Verdacht, dass es sich beim historischen Gewissen der Zunft um eine neuzeitliche Müdigkeitserscheinung[1] handelt, legt der Verfasser es bewusst auf einen systematisch-theologisch bestimmten Zugang an: MARTIN LUTHER kommt hier als Gesprächspartner zu Wort, nicht als historisch abständiges Phänomen. Die Natur dieser Unterhaltung ist dabei nicht durch ein Überlegenheitsgefühl geprägt, das gegenüber dem Denken des rund fünfhundert Jahre früher Lebenden von vornherein eine Art geistiger Inflationsrate veranschlagt. Vielmehr findet das Gespräch auf Augenhöhe statt, es werden ernsthaft Antworten auf offene Fragen erwartet. Dazu ist es wichtig, dass LUTHER in erster Linie selbst zu Wort kommt. Dem Verfasser obliegt dabei ein konzentriertes, ungeteiltes Hören, das nicht bereits an der eigenen Entgegnung feilt, während der andere noch spricht. So wird das Verstandene dann zunehmend in der eigenen Vorstellungswelt lebendig, nimmt Gestalt an, verschmilzt mit dem bisher Gedachten und gewinnt neues Profil. Fremde Worte und Gedanken werden beim Hörer heimisch und schließlich in eigenen Worten weitergedacht. Von einer historischen Darstellung im technischen Sinne kann hier deshalb nicht die Rede sein. Ein Kirchengeschichtler wird mit Recht feststellen, dass hier z. T. Begriffe verwendet wurden, die Luthers Anliegen wohl gerecht werden, die er aber selbst nicht in dieser Weise formuliert hat. Auch werden Positionen Luthers gelegentlich in einer Weise flächig dargestellt, die in einer historisch orientierten Arbeit als Genese zu kennzeichnen wären. – Allerdings kann man mit einer Genese nicht sprechen, auch nicht mit ihr gleichzeitig sein. Augenhöhe durch die Zeiten hindurch ist nur über eine gedankliche Verbundenheit in der Sache zu haben.

Bei der Entstehung des Buches ist besonders Henning Reinhardt und Thorsten Dietz zu danken, die mir mit wertvollen Hinweisen zur Seite standen, indem sie durch den Blick von ihrem jeweils spezifischen Schaffensort

---

[1] Vgl. dazu auch TROWITZSCH, MICHAEL: „Gegen neuzeitliche Einsprüche: Das Alte Testament als Zeuge des Evangeliums. Überlegungen im Anschluss an Paulus", in: Über die Moderne hinaus, Tübingen 1999, S. 17.

der Perspektive des Verfassers ein korrigierendes Moment an Fremdheit entgegenstellten. Fruchtbares Denken lebt von dieser Fremdheit, ja erzielt unter deren Einfluss zuweilen geradezu erlösende Effekte, die – wenn auch kategorial völlig verschieden – denen der „fremden Gerechtigkeit“ Jesu Christi nicht unähnlich sind. Damit Neues entstehen kann, muss Altes aufgebrochen werden. Dazu ist in hervorragender Weise das Gespräch als der Ort geeignet, an dem sich der Kontakt mit dem Fremden ereignen kann. Bei den beiden oben Genannten ist aus der Fremdheit durch viele wertvolle Gespräche seit frühen Studententagen eine freundschaftliche Verbundenheit entstanden, die ihnen manches von dem schuldet, was in diesem kleinen Buch zur Sprache kommt.

Als wichtige Gesprächspartner dürfen aber auch diejenigen nicht ungenannt bleiben, die sich dem Austausch und der Diskussion auf vielen Tessin-Freizeiten und Sitzungen des „Arbeitskreis geistliche Orientierungshilfe“ (AgO) gestellt haben. Bei dieser Gelegenheit ist auch der Bodelschwingh Studienstiftung und dem Geistlichen Rüstzentrum Krelingen zu danken, ohne deren finanzielle Unterstützung weder die Studentenarbeit noch auch diese Schriftenreihe realisierbar wäre.

Derart aus Gesprächen gewonnen, versteht sich dieses Buch wiederum selbst als Beitrag für eine Arbeit, die wesentlich von ihren Gesprächen lebt. Es gilt Studenten im Grund- und Hauptstudium, aber auch Pfarrern und kundigen Laien, die ihrem Denken durch das belebende Denken des Reformators eine Frischzellenkur gönnen möchten.

Potsdam am Reformationssonntag 2003

Einführung

Die augenblickliche theologische Diskussion ist langweilig. In einer tiefen Identitätskrise steckend, kann sich die evangelische Theologie momentan nicht zu klaren Aussagen durchringen, von großen, kühnen Entwürfen ganz zu schweigen. Statt dessen „forscht" man lieber in abseitigen Quellen – je esoterischer desto besser – oder geht, der eigenen Sache überdrüssig, bei den Wissenschaftsnachbarn wildern: Exegeten werden zu Religionswissenschaftlern, Systematiker versuchen sich als Soziologen und Praktische Theologen halten sich gar für Künstler. Wehe aber, jemand kommt auf den Gedanken, wirklich brennende theologische Themen – möglicherweise sogar gemeinderelevant? – auf den Tisch zu bringen, angereichert mit ein paar Reizworten, die heute allenfalls in theologiegeschichtlichem Zusammenhang gebraucht werden dürfen. Vielleicht kommt nur die gelangweilte Rückfrage, warum man sich mit solch angeblich längst geklärten Fragen überhaupt beschäftigen wolle. Heftiger fällt die Reaktion aus, wenn sich die theologische Zunft durch hartnäckiges Fragen auf die Sachverhalte angesprochen fühlt, die noch für die Väter der Bekennenden Kirche zum selbstverständlichen Kernbestand evangelischer Lehre gehörte: Was ist es um die Sünde und die Erlösung, die Heiligung und das Heil, die Glaubensgewissheit und das Letzte Gericht? – Solche Fragen sind echte Stimmungstöter im lustigen Treiben mancher theologischen Fakultät, lästige Unterbrechungen in einem sinnlosen, aber nicht unangenehmen Forschungsbetrieb.

In dieses Treiben hinein liest sich der seiner Erlösungsbedürftigkeit bewusste Seufzer Luthers „...dass der Heilige Geist kommen werde und unseren Geist austreibt" herrlich erfrischend. Man spürt geradezu den Wind um die Nase, hört ihn kräftig durch den Blätterwald fahren, in dem das semantische Rauschen der exegetischen Methodenbücher die Gespräche über den Zugang zur Bibelauslegung bestimmt. Weniger mit einer nüchternen Anleitung zur Bibelauslegung als vielmehr mit exorzistischer Attitüde kommt uns LUTHER daher. Vielleicht entdecken wir unter all dem Fremden überraschend Neues: Von der Schrift und ihrer Auslegung, vom Mut zur theologischen Aussage bis hin zur Freiheitserfahrung, dass Gebundenheiten abfallen, unter deren Knechtschaft wir vielleicht jetzt noch gebetsmühlenartig bekennen, dass wir nicht zurück können hinter...

1. Klarheit der Heiligen Schrift oder neuzeitliche Subjektivität

Einst fragte ein Student den alten Karl Barth, wann man denn seine Kirchliche Dogmatik verstanden habe und bekam zur Antwort: „Ver-standen haben Sie sie erst dann, wenn Sie dort stehen, wo sie ent-standen ist.“[2] Das Verstehen ist demnach nicht unabhängig vom eigenen Standort. Mehr noch: Die je eigene Verortung bestimmt auch, was sich von der Umgebung dem Blick des Beobachters *öffnet*, welche Horizonte ihm *sichtbar* werden: Die Frage nach den *Offensichtlichkeiten*, den Evidenzen deutet sich an.

Szenenwechsel zu einer anderen Standortbestimmung: Unter Lebensgefahr zu seiner Theologie befragt, ruft Luther auf dem Reichstag zu Worms aus: „Hier *stehe* ich und kann nicht anders.“ An welchem Ort befindet sich Luther hier? Was ist es, das ihm den Ortswechsel „nach Rom“ unmöglich macht? Die theologiegeschichtliche Vereinnahmungsmaschinerie des Neuprotestantismus hat hier rasch und diskret entschieden und durch ihre Verortung mit einem Streich – gleichsam in einem Akt intelligibler Landnahme – einen erheblichen Raumgewinn für sich erzielen können. Indem sie Luthers Gewissensreservat in Worms als einen heroischen Akt neuzeitlicher Subjektivität gegen das Auslegungsprimat der kirchlichen Tradition deutete, konnte sie das ganze Reich der Reformation zu ihrer Einflusssphäre erklären.

Doch ist das wirklich der Ort, an dem Luther steht? Ist das Vertrauen auf die eigene theologische Urteilskraft, die Überzeugung, den Text besser ausgelegt zu haben als die gesamte theologische Tradition vor ihm der Auslöser, der „Ort“ der Gewissheit des Reformators? Gute Gründe sprechen dafür. Der entscheidende Satz in Worms lautet: „Es sei denn, dass ich durch Zeugnisse der Schrift *oder durch klare Gründe der Vernunft* [kursiv, MK] überführt werde…, so bin ich überwunden durch die von mir aufgeführten Schriftstellen und ist mein Gewissen gefangen in Gottes Wort.“[3] Wenn auch der Rekurs auf das Wort Gottes als Argumentationsgrund numerisch deutlich überwiegt, so ist doch die Deutung Ecks mehr als nachvollziehbar, wenn er Luther im Anschluss an die Leipziger Disputation genau das vorwirft, was ihm die liberale Theologie später als das große Verdienst anrechnen wird: „Das klingt nicht gut unter Christen, dass einer sich anmaßt, rein aus eigenem Verstand den Sinn der Heiligen Schrift besser zu kennen als die heiligen

---

2 Findeisen, Sven: Unter dem weiten Bogen. Mein Leben, Wuppertal 2002, S. 116.

3 Vgl. WA 7, 838, 4–8.

Väter miteinander."[4] Entscheidend ist nun aber, dass sich LUTHER in dieser Situationsbeschreibung Ecks nicht recht wiedergegeben fühlt, denn nicht auf die Auslegung „nach eigener Vernunft" kommt es ihm an, sondern: „Wo ich einen *klaren Text* [kursiv, MK] hätte, würde ich dabei bleiben, auch wenn die Auslegung der Väter dagegen stünde."[5]

Der Anhaltspunkt der Gewissheit ist für LUTHER nicht die eigene Subjektivität bzw. deren Auslegungskraft, sondern der „klare Text" der Schrift. Nicht das bildet die Grundlage seines Standpunktes, was sich vor der Vernunft als anschlussfähig an bisherige Erkenntnis, als analogiefähig erweist[6], sondern die Heilige Schrift selbst ist die Grundlage, ist der Ort des Stehens und Ver-stehens, der Ort des Evidenten und der Klarheit, weil sie mich klärt, d. h. mich mir in ihrem Licht erst zu erkennen gibt. Sie leuchtet mir ein, indem sie mich erleuchtet.

Der Vernunft ist hier ein rezeptiv-vernehmendes Organ, sie vernimmt das im Text Gemeinte, will Fenster sein, durch welches das Licht des biblischen Wortes das menschliche Bewusstsein durchflutet. Die Rede vom „eigenen" Verstand, also gerade der Rückzug auf die individuelle Subjektivität würde verdunkeln, worum es Luther geht: Der Text ist hell, nicht die menschliche Vernunft!

Ein solcher Grundansatz, wie ihn LUTHER in Worms vertrat, wirkte damals wie heute in höchstem Maße sperrig und befremdlich und verdient nähere Untersuchung. Das folgende Kapitel wird LUTHERS Grundprinzip von der „Klarheit der Schrift" nachzeichnen und darüber hinaus einzelne Verbindungslinien zu seinem Schriftverständnis ausziehen.

---

4 WABr 1, 460, 22ff., zit. n. SLENCZKA, NOTGER: Die Schrift als „einige Norm und Richtschnur", in: Die Autorität der Heiligen Schrift für Lehre und Verkündigung der Kirche (FS für Jörg Baur). Neuendettelsau 2000 [SLENCZKA: Schrift], S. 55f.

5 WABr 1, 468, 110ff., zit. n. SLENCZKA: Schrift, S. 56.

6 Die – hier eigentlich naheliegende – Formulierung „was mir einleuchtet" wäre zur Bezeichnung der neuzeitlichen Position gerade ungeeignet, denn es ist hier ja gerade nicht gemeint, dass ein fremdes Licht den Ausleger erleuchtet, sondern das Umgekehrte: Das eigene Ich ist der Ort strahlender Gewissheit, von dem aus die dunkle Wirklichkeit erleuchtet werden soll. Der grandiose Widerspruch zwischen Gesagtem und Gemeintem steht da als unverwüstliches Merkzeichen einer Zeit, als das erkennende Subjekt seinen Erkenntnisgegenstand noch nicht vor den Richterstuhl der eigenen Vernunft zerrte, sondern den betrachteten Gegenstand als ein ihm ent-gegenstehendes Widerständiges wusste, dessen Wirkung er als erkennendes Subjekt in passiver Rezeptivität unter-liegt (sub-iectum!).

2. Was klar ist: die Heilige Schrift

2.1 Alles klar! – Das Schriftprinzip

Wie ist LUTHERS Rede vom „klaren Text“ zu verstehen? Was meint er, wenn er von der „Klarheit der Schrift“ spricht? Bereits 1520, also noch vor dem berühmten Verhör in Worms, lehrt LUTHER in seiner *Assertio omnium articulorum*[7] von der Heiligen Schrift, dass sie „in sich völlig gewiß, leicht zugänglich und durch und durch offen“ sei. Weiterhin „lege [sie] sich selber aus und bewähre, richte und erleuchte allen alles“[8]. Unter Berufung auf Psalm 119 nennt er die Schrift das *primum principium*, „mit dem anfangen muss, wer zu Licht und Verständnis eintreten will“[9]. 1525 präzisiert LUTHER diese Aussagen in der Vorrede zu *De servo arbitrio* dadurch, dass er den Erleuchtungscharakter der Heiligen Schrift, ihre Klarheit, zur Problematik menschlichen Verstehens in Beziehung setzt (s. u. 2.3).

2.1.1 Die Schrift allein (sola scriptura)

Um das Eigentümliche an der Rede vom *primum principium*, vom „Schriftprinzip“ herauszuarbeiten, ist es sinnvoll, sich zunächst den gemeinsamen Nenner zwischen LUTHER und seinen römischen Gegnern zu vergegenwärtigen. Das *sola scriptura*, verstanden als kirchliche Norm und Richtschnur, konnte und kann *nominell* als „vulgärkatholisch“ gelten.[10] Allerdings bleibt die Frage, durch wen und auf welche Weise diese Schrift richtig ausgelegt wird. Es stellt sich also das Problem der Auslegungsautorität und das der Hermeneutik. Rom sah dieses Doppelproblem im Lehramt gelöst, dem als kirchlicher Instanz in seinen Entscheidungen der Heilige Geist sozusagen „institutionell“ innewohnt. Prinzipiell können diese Entscheidungen durchaus am Wort der Heiligen Schrift vorbei getroffen werden. Kardinal CAJETAN argumentierte sogar ganz offen mit dem Aufweis von Irrtümern der Evangelisten,

---

7 WA 7, 94ff.

8 WA 7, 97, 23f.; zit. n. ROTHEN, BERNHARD: Die Klarheit der Schrift. Teil 1: Martin Luther. Die wiederentdeckten Grundlagen. Göttingen 1990 [ROTHEN: Klarheit], S. 8.

9 WA 7, 97, 26ff, zit. n. ROTHEN: Klarheit, S. 9.

10 Dieses „nominell“ ist gegen N. SLENCZKA festzuhalten, der versichert (SLENCZKA: Schrift. S. 57): „Kein anderer scholastischer oder nachreformatorischer römischer Theologe hat je bestritten, dass die Schrift Norm und Richtschnur ist.“ – Wie aus ökumenischen Gesprächen, insbesondere der letzten Dekade, zu lernen ist, sollte man jedoch den Gesprächspartner genauestens definieren lassen, was er mit diesen Worten meint, welchen *Sachverhalt* er damit bezeichnet wissen möchte.

aufgrund derer die Berufung auf die „Schrift *allein*" keinesfalls als praktikables Auslegungsprinzip gelten könne.[11] Freilich, der biblische Text habe natürlich eine besondere Stellung im kirchlichen Kontext, dem man stets besondere Aufmerksamkeit schenken müsse. Letztlich aber könne man nicht umhin, auch äußere Faktoren bei der Urteilsgewinnung mit einfließen zu lassen. Als Statthalter Gottes auf Erden sei die Kirche aber zuversichtlich, diese Erkenntnis- und Entscheidungsprozesse als Urteil des Heiligen Geistes verstehen zu dürfen.[12] Die Rede von der „Schrift allein" ist in römischer Sicht als solidarische Schulterschlusserklärung zu werten: Betont wird die herausgehobene Bedeutung der Bibel im Prozess kirchlicher Urteilsfindung. *Imprimis scriptura* („in erster Linie die Schrift") wäre eine ihrer Intention entsprechendere Formulierung.

2.1.2 Die Schrift legt sich selbst aus (sacra scriptura sui ipsius interpres)

Luther hält den römischen Weg für ungangbar, weil er von der Überzeugung ausgeht, dass der Heilige Geist sich an das biblische Wort und nicht an die kirchliche Institution bindet. Entscheidet das kirchliche Lehramt aber am biblischen Wort vorbei, so kann dies nicht unter der Leitung des Heiligen Geistes geschehen sein. Es ist dann eine Entscheidung von subjektiven Individuen, deren Urteil nicht etwa dadurch wahrer würde, dass sie im Kollektiv votieren. Ergibt es sich nun, dass ein Individuum den biblischen Text unter Leitung des Heiligen Geistes auslegt, so hat dieses Urteil Gültigkeit in der Kirche – unabhängig davon, ob sich dafür lehramtliche bzw. synodale Mehrheiten finden. – Das Problem, das sich daraus ergibt, liegt auf der Hand: Woher können wir wissen, ob ein Urteil unter Leitung des Heiligen Geistes gewonnen wurde? Luther antwortet auf diese scheinbar in der Unüberbrückbarkeit menschlicher Subjektivität begründete Aporie mit dem Verweis auf eine *objektive* Realität. Der Geist bindet sich an das Schriftwort, so dass Geist-Entscheidungen an diesem Wort verifizierbar sind. Aber auch auf das

[11] Vgl. TR 5,79,29f.; no. 5349; 1540.

[12] Heute läuft die Argumentation im Grunde ähnlich, natürlich hinsichtlich der klerikalen Ansprüche deutlich heruntergeschraubt, anstelle derer heute Floskeln aus dem Bereich der Bewusstseinslyrik herhalten müssen: Da wird die Bibel als „wertvolle Sammlung von Glaubenszeugnissen" für den Leser empfohlen, von dessen „Erfahrungsreichtum" sich auch die evangelische Kirche in ihren Synodalentscheidungen gerne leiten lässt. Gleichwohl müsse man auch die heutigen wissenschaftlichen Erkenntnisse damit ins Gespräch bringen und dürfe auch die öffentliche Meinung nicht außer Acht lassen, die diese biblischen Erfahrungen so natürlich nicht mehr teilen könne, usw…

sich als Folge des Exklusivpartikels „sola scriptura" stellende (oben bereits formulierte) doppelte Grundproblem von der Auslegungsautorität und dem rechten Weg des Verstehens findet LUTHER eine – diesmal *trans-subjektive*[13] – Lösung: Die Heilige Schrift legt sich selbst aus. Gott, der Heilige Geist, sorgt selbst dafür, dass er verstanden wird.

2.1.3 Die Heilige Schrift als Grundaxiom (primum principium)

„Sola scriptura" beschreibt nach LUTHER demnach nicht nur eine *besondere* Stellung der Heiligen Schrift für kirchliche Entscheidungsprozesse, sondern sie fungiert als *alleinige* Richtinstanz gegenüber allen anderen Einsichten, Verständnissen, Erfahrungen und Ereignissen, die menschliches Sein und Handeln berühren. Selbst die Prozesse menschlichen Verstehens werden von ihr umschlossen, so dass nicht einmal auf diesem Wege unterschwellig äußere Maßstäbe an die Schrift angelegt werden können. Das von LUTHER formulierte Schriftprinzip ist wirklich als „Prinzip" zu verstehen, als wissenschaftlicher Leitsatz, der keiner weiteren Begründung bedarf, sondern in sich Gültigkeit hat und an dem vielmehr alles andere seine Legitimität zu erweisen hat: „Ich will nicht nach menschlichem Maßstab die Schrift, sondern nach dem Urteil der Schrift aller Menschen Schriften, Taten und Worte verstehen."[14]

Woher hat LUTHER die Zuversicht, dass die Heilige Schrift zur Norm taugen könnte? Die Antwort lautet wiederum, einem *primum principium* gemäß: aus der Schrift! Es ist in beiden Testamenten der Bibel gängig, das

---

13 Im Grunde resultieren beide Problemstellungen aus den Aporien menschlicher Subjektivität, sowohl die Frage nach der rechten Auslegung eines Textes, als auch die nach dem rechten Ausleger. Bezeichnend ist, dass LUTHER sie beide *gerade nicht* durch im Bereich des Subjektiven verharrende Vorschläge, sondern unter Hinweis auf eine objektive bzw. transsubjektive Realität einer Lösung zuführt. Von hier aus gestaltet sich eine Inanspruchnahme LUTHERS für ein Programm neuzeitlicher Subjektivität als ausgesprochen schwierig, es sei denn man erklärt das Zufällige (die „zufällige Geschichtswahrheit"), für LUTHERS Argumentation ganz und gar Unwichtige an der Szene von Worms (nämlich dass er allein gegen das Kollektiv „römische Kirche" stand) zum Eigentlichen und vernachlässigt zugleich, dass es ihm auf die Gebundenheit durch das biblische Wort ankam.
Exemplarisch für diese Lesart ist der etwas verräterische Anschluss SLENCZKAS an ein Lutherzitat, in dem der Reformator seine christliche (!) Freiheit gegen ein irrendes Konzil ins Feld führt. SLENCZKA kommentiert (SLENCZKA: Schrift, S. 57): „Die Freiheit des Einzelnen [!], die LUTHER hier in Anspruch nimmt..." – Natürlich wird, immanent betrachtet, christliche Freiheit an der Freiheit eines Individuums sichtbar, aber der Sache nach sind beide doch ebenso himmelweit von einander unterschieden wie etwa das Priestertum aller Gläubigen von der Demokratie – zugegeben: ein unglücklicher Vergleich angesichts heutiger volkskirchlicher Wirklichkeit.

14 WA 2, 184, 2f. (Über die Gewalt des Papstes).

eigene Bekenntnis durch Schriftworte abzustützen. Das setzt voraus, dass die Schrift aus sich selbst heraus klar und verständlich ist. Andernfalls wäre die Praxis des *Schriftbeweises* absurd. So aber lautet der Schluss: Weil die Heilige Schrift Normfunktion hat, darum muss sie klar sein. Einen anderen, gleichsam *heilsgeschichtlichen* Grund für die Klarheit der Schrift sieht LUTHER darin gegeben, dass Gott die Heilige Schrift der Kirche gegeben hat. Gott will seine Christen nicht im Ungewissen lassen, jeder soll die Weisungen Gottes für seine Gemeinde kennen.[15] Wohlgemerkt: Der göttliche Ursprung der Schrift ist hier das Argument für ihre Klarheit, nicht die Klarheit Beweis für ihre Göttlichkeit.[16] Den dritten und gewichtigsten Grund für die Klarheit der Schrift hatten wir oben bereits im Zusammenhang von LUTHERS *Assertio omnium articulorum* gehört: Die Schrift legt sich selbst aus, erschließt sich dem Leser auf ihr Zentrum hin. Das tun andere Texte zwar auch. Aber diese tun es auf eine zentrale Information hin, während der biblische Text nicht nur darüber Aufschluss gibt, wie das Evangelium zu verstehen sei, sondern die freimachende Kraft des Evangeliums zu erfahren schenkt.[17] So erschließt sich die Schrift auf ihr Zentrum, indem sie sich an dem betend fragenden Angefochtenen selbst vollzieht. Die Kommunikation wird zur Kommunion, zur Gemeinschaft zwischen Gott und Mensch – der Text schafft Glauben. Dieses Geschehen vollmächtiger *Selbsterschließung* des biblischen Textes am Menschen wirkt dann gleichzeitig auf eine existentielle Verifikation ihrer Klarheit hin.[18]

Dass die Schrift klar *ist*, bedeutet nicht, dass sie auch jedermann als klar *erscheinen* muss. Ihre Klarheit erweist sich nicht durch widerspruchslose Zustimmung aller, wohl aber nach LUTHERS Überzeugung darin, dass aller Widerspruch als schwach und unbegründet erscheinen muss.[19] Natürlich

---

15 Vgl. ROTHEN: Klarheit, S. 57f.

16 Vgl. ROTHEN: Klarheit, S. 59.

17 Es wäre deshalb auch nicht zutreffend nach B. LOHSE die Klarheit der Schrift auf ausgesuchte, „zentrale Glaubenswahrheit*en*“ [kursiv, MK] der Schrift, etwa Inkarnation, Kreuz und Auferstehung zu beziehen (Vgl. LOHSE, BERNHARD: Martin Luther. Eine Einführung in sein Leben und sein Werk. München 1981 [LOHSE: Luther], S. 163) Der Inhalt, „die Sache“ der Schrift vermittelt sich nicht informativ, sondern personal und damit unteilbar.

18 Vgl. SLENCZKA: Schrift, S. 65. Weiterhin sollte sich die Bemerkung eigentlich erübrigen, dass LUTHERS Rede vom Schriftprinzip gerade nicht Ergebnis einer steilen spekulativen Konstruktion bar jeder menschlichen Erfahrungen ist. Wenige Theologen dürften bekannt sein, bei denen in vergleichbarem Maße gelebter Glaube hinter den dogmatischen Aussagen aufscheint. Dass die Erfahrung, allerdings an einer ganz anderen Stelle, nämlich als Erfahrung mit der Heiligen Schrift auch in LUTHERS Schriftauslegung eine wesentliche Rolle spielt, wird an anderer Stelle – nämlich in der Rede von der Anfechtung („Tentatio“; vgl. 3.3) – noch ausführlicher zu zeigen sein.

19 Vgl. ROTHEN: Klarheit, S. 57.

wusste LUTHER, dass die Klarheit der Schrift keine Aussage der Empirie ist, nicht Zusammenfassung kirchlich-theologischer Praxiserfahrung mit der Heiligen Schrift, sondern Prinzip, Setzung: „Wenn du deine Vernunft und deine Augen befragst, wirst du das Gegenteil wahrnehmen."[20]

Mag dem erfahrungshungrigen, kontextbezogen denkenden Theologen heute das Schriftprinzip ein Ärgernis sein, so war es das auch in der Reformationszeit für einen am Aristotelismus ausgerichteten Wissenschaftsbegriff, der nur dem uneingeschränkt Notwendigen, dem Ewigen das Qualitätssiegel „Wissenschaftlichkeit" zuerkannte. Das „Schriftprinzip" als Rekurs auf eine zeitliche, kontingente Schrift musste dagegen als Affront gegen ein Verständnis von Wissenschaft verstanden werden, das Wahrheit nur als zeitloses Apriori zu denken vermochte. Die Theologie dachte und denkt dagegen Dingen nach, die *apriori* zufällig, *aposteriori* aber notwendig sind.[21] Prinzipiell als Schriftauslegung verstanden, ordnet sich die Theologie nach LUTHER keinem anderen Wissenschaftsbegriff unter, sondern einzig und allein der Schriftautorität. – Noch heute verrät die akademische Diktion mancher Veröffentlichung etwas von dem Ärgernis, das von einer zeitlich kontingenten Schrift mit absolutem Anspruch ausgeht: Die Rede von den biblischen Schriften als „Niederschlag" von etwas, z. B. des apostolischen Zeugnisses, einer inneren Erleuchtung oder der Offenbarungsgeschichte. Diese Wendung ist Ausdruck der Distanznahme von einem aktiven Gotteswillen und -schaffen zugunsten des Entstehens einer zufälligen Form – einer „zufälligen Geschichtswahrheit", wie es G. E. LESSING in Gegenüberstellung zu den „notwendigen Vernunftwahrheiten" für die Theologiegeschichte einst klassisch auf den Punkt brachte.[22] Konsequent muss eine derart als passives Resultat eines „Falls" verstandene Heilige Schrift Deutung erst von außen empfangen.[23] Bei LUTHER hingegen ist dieser „Niederschlag", diese „zufällige Geschichtswahrheit" das *primum principium*, von dem alles theologische Denken seinen Ausgangspunkt zu nehmen hat.

---

20 WA 40 I, 445,12f.; zit. n. ROTHEN: Klarheit, S. 91f.

21 Vgl. BAYER, OSWALD: Theologie. HST 1. Gütersloh 1994 [BAYER: Theologie], S. 104.

22 „Zufällige Geschichtswahrheiten können der Beweis von notwendigen Vernunftwahrheiten nie werden." (LESSING, GOTTHOLD E.: Über den Beweis des Geistes und der Kraft, in: Die Erziehung des Menschengeschlechts und andere Schriften. Stuttgart 1965, S. 34).

23 Vgl. ROTHEN: Klarheit, S. 71.

2.2 Luthers Zugang zur Heiligen Schrift

Die Konsequenz, mit der LUTHER seine theologische Erkenntnis exklusiv aus dem Umgang mit der Heiligen Schrift entnimmt, wirft die Frage auf, wie er generell ihr Wesen beschreibt und welche Folgerungen dies für seinen Umgang mit der Bibel hat. Dabei ist über sein Offenbarungsverständnis zu sprechen, den von ihm zugrunde gelegten Inspirationsbegriff und seine Konsequenzen für das Zueinander von Menschen- und Gotteswort. Abschließend sind diese Ausführungen ins Verhältnis zu setzen zu der von Luther bekanntermaßen geübten Kanonkritik. Dies ist insbesondere deshalb von Belang, weil gängige Lutherdeutungen aus dem liberalen Spektrum seine Kanonkritik in der Regel als Deuteraster für sein Schriftverständnis als solches heranziehen und ihn so fälschlich zum Wegbereiter der historisch-kritischen Methode stilisieren.

2.2.1 Die Selbstauslegung der Heiligen Schrift als ihre Offenbarungstätigkeit

Die Rede von der „Selbstauslegung" der Schrift erfordert eine Präzisierung hinsichtlich des „Selbst", will man nicht diesen Grundsatz als Aufforderung zur werkimmanenten Interpretation eines literarischen Erzeugnisses verstehen. Dies wäre nämlich eine Unterbestimmung. Es klang bereits im Zusammenhang der Begründung des Schriftprinzips durch LUTHER an, dass er die Selbstauslegung der Schrift als ein aktives Sichverständlichmachen der „Sache der Schrift" gegenüber dem Leser verstanden wissen möchte. Ja, die Selbstauslegung kann sogar soweit gehen, dass sie sich gegen den Leser vollzieht bzw. gegen falsche Auslegung zu reden beginnt. Indem der Heiligen Schrift in dieser Weise die Fähigkeit zur Selbstvertretung eignet, hat sie auch die Rolle und das Amt der Richterin in der Kirche. Der Begründungszusammenhang, der bei der Einführung der Rede vom „Schriftprinzip" anhand von LUTHERS Erläuterung zu Psalm 119,130 bereits kurz anklang, soll nun noch einmal ausführlicher zur Darstellung kommen: Er übersetzt: „Das Tor deiner Worte erleuchtet und gibt Verstand den Unmündigen" und kommentiert: „Hier weist der Geist eindeutig die Erleuchtung [dem Wort] zu und lehrt, dass Einsicht allein durch die Worte Gottes gegeben wird wie durch ein offenes Tor oder (wie sie sagen) ein erstes Prinzip, von dem man anfangen muss, um zum Licht und zur Einsicht zu kommen."[24] Die Erleuch-

---

[24] WA 7,97 zitiert nach SLENCZKA: Schrift, S. 59.

tung durch den Geist, das Verstehen der Dinge Gottes findet seinen Anfang immer am Wort Gottes. Hier ist der Ort des Lichts, in dessen Reflex die Phänomene des Lebens erst aufzuscheinen beginnen, „ins rechte Licht gesetzt" sind. Analog kann LUTHER von der Heiligen Schrift auch als der „Sonne" sprechen, die alles andere erleuchtet.[25]

Es ist deutlich geworden, dass die Rede sowohl von der „Klarheit" der Schrift als auch ihrer „Selbstauslegung" Metaphern für ihre Offenbarungstätigkeit sind. Die dabei zur Verwendung kommende Lichtmetaphorik ist ein aus der Religions- und Weltanschauungsgeschichte bekanntes Mittel, um Geist- bzw. Erkenntnisressourcen zu kennzeichnen – man denke etwa an den Halbmond, das Sonnenrad (Hakenkreuz), den roten Stern oder auch die Auf*klär*ung (engl.: en*light*enment). Geschieht nach LUTHER Erhellung der menschlichen Lebenswelt, d. h. Offenbarung als Tätigkeit des Heiligen Geistes im Wort Gottes, das sich nirgendwo anders als in dem zufälligen Geschichtsprodukt „Bibel" finden lässt, so ist es von Interesse, wie dieser Geist dem Wort innewohnt, wie er es in-spiriert.

2.2.2 Die Inspiration der ganzen Heiligen Schrift

„Die heilige Schrift ist Gottes Wort, geschrieben und (dass ich so rede) gebuchstabet und in Buchstaben gebildet, gleichwie Christus ist das ewige Gotteswort, in die Menschheit verhüllet."[26] Analog dem Inkarnationsgeschehen geht Gottes Wort in den Buchstaben der Bibel ein, Gotteswort und Menschenwort sind untrennbar miteinander verbunden, das ewige Gotteswort lässt sich vernehmen im Kontingenten dürrer Menschenworte: „Die Bibel ist Gottes Wort." Wer LUTHERS Schriften kennt, weiß, dass diese Identifikation unumgänglich ist, ebenso wie die christologische, dass Gott Mensch wird. Inspiration bedeutet für LUTHER selbstverständlich „Verbalinspiration", der Geist bindet sich an die *verba*.[27] Wie untrennbar Gottes Geist mit dem menschlichen Wort verbunden ist, zeigt das folgende Zitat

---

25 Vgl. WA 18, 653,20: „Die Heiligen Schriften [sind] das geistliche Licht…, weit heller als die Sonne selbst."

26 WA 48, 31, 4ff.

27 Die Lehre von der Sach- oder Realinspiration ist im Übrigen eine (ziemlich platte) moderne Spekulation, die die Inspiration nur in den Gedanken, nicht jedoch in den Worten des Autors finden möchte. Ein Vergleich mit profanliterarischer Dichtung, in deren Zusammenhang bekanntlich auch der Ausdruck „Inspiration" verwendet wird, zeigt, dass auch die Worte bzw. die Form – nicht nur der Inhalt – eines Gedichtes selbstverständlich als Ausdruck dieser Inspiration verstanden werden. Die Rede von der Realinspiration verkennt weiterhin, dass der Leser ja nicht bloß mit seinem Verstand Informationen abgreift, sondern auch mit Gefühl und Affekten durch das Wort angesprochen wird. Man kann fast

LUTHERS: „Die Heiligen Gottes haben geredet, getrieben durch den Heiligen Geist. Da soll Gott und Mensch nicht voneinander gesondert noch geschieden werden nach dem Verstande und Urteil menschlicher Vernunft; sondern man soll stracks sagen [...] was er [der Mensch] aus Gottes Befehl redet oder tut, das redet und tut Gott selber."[28] Das Geheimnis von Chalcedon liegt über dem biblischen Wort, es besteht menschlicherseits kaum Aussicht, die gottgefügte Gemeinschaft aus Wort und Geist auseinanderzureißen. Neuprotestantische Nestorianer seien gewarnt: Ihre Passwörter „Kanon im Kanon" und auch das vielfach abgewandelte „Schale-Kern Modell" öffnen bei der LUTHER–Interpretation keine Verstehenstüren.

Wie ärgerlich sich diese Untrennbarkeit von Gottes- und Menschenwort in der Empirie ausnimmt, wie sehr Sein und Erscheinung in der Schrift divergieren können, zeigt LUTHERS Rede von den Aposteln, den „albernen Fischer[n, die] die Schrift nicht in den Schulen der großen Schriftgelehrten, sondern durch die Offenbarung, [...] lernen verstehen und [...] können ein Buch oder eine Predigt machen, so die Welt nicht begreifen kann"[29]. Dieses unleugbar von Fischern hervorgebrachte Wort ist es, an das sich Gottes Geist gebunden hat, d. h., durch das Gott seine Sache angemessen vertreten sieht, so dass sich jeder, ob Fischer oder Minister, Student oder Professor nach der apostolischen Darstellung und Auslegung zu richten hat, „weil wir den Geist so reich und gewaltig nicht haben"[30].

den Eindruck gewinnen, die Realinspiration sei eine Erfindung modern-aufgeklärter Apologetik, um das Unwort „Verbalinspiration" umgehen zu können, ein „missionarisches Angebot" derjenigen, die stets gesprächsbereit am Puls der Zeit lauschend die biblische Botschaft selbstvergessen ihrer Widerständigkeiten (biblisch gesprochen: ihres „Ärgernisses") entäußern, sobald jener Puls angesichts ihrer Rede ein wenig zu steigen droht. Sie reagieren damit auf die gleichsam magisch-exorzistische Wirkung, welche die Aussprache dieses Wortes zur Folge hat. In der Tat, es ist eine Art „Knüppel-aus-dem-Sack", der auch die lethargischsten Charaktere zu ungeahnter Dynamik zu stimulieren vermag.
Ein anderes diakonisches Werk der Liebe dieser stets gesprächs- und verhandlungsbereiten Menschenfreunde besteht darin, Dinge an der Schrift zu betonen und sogar zu problematisieren, die derzeit eigentlich von niemandem bezweifelt werden. Unermüdlich betonen sie, dass die Bibel von Menschen geschrieben wurde, dass dieses Buch „nicht einfach vom Himmel gefallen sei". Man zeige mir diesen Menschen, der das behauptet. Ich kenne ihn nicht. Dennoch muss man den Eindruck gewinnen, dass die Rede nicht wirklich ins Leere zielt. Sie wirkt wie die Rede des Taschendiebes, der dem designierten Opfer mit zum Himmel gereckten Armen predigt: „Alles Gute kommt von oben!" Während das arme Opfer noch beglückt zum Himmel schauend der tiefen Wahrheit nachsinnt – denn es ist ja wahr, dass das Gute von oben kommt – kommt von unten die (nicht ganz so gute) Hand des Diebes, und die Brieftasche ist weg. – Vielleicht sollte man bei manchen theologischen Statements mehr auf das hören, was gerade nicht betont wird – und wird reicher, sozusagen „sub contrario" belehrt, aus der Situation hervorgehen.

28 Zitat nach Erlanger Ausgabe [EA] 57, 39.

29 EA 11, 273.

30 EA 11, 274.

LUTHER lässt keinen Zweifel daran, dass die Identität zwischen Gottes- und Menschenwort, m. a. W., dass die Inspiration der Schrift sich nicht auf einzelne hervorragende Textteile beschränkt, sondern die ganze Heilige Schrift in allen ihren Teilen umfasst. Die Schrift als ganzes ist nach LUTHER Gottes Werk, so dass er beispielsweise den im Mittelalter als Kirchenvater und höchste exegetische Autorität geschätzten HIERONYMUS unter Anathema stellt, weil dieser behauptet, Paulus habe eine alttestamentliche Bibelstelle nicht ihrem ursprünglichen Sinne gemäß ausgelegt. Die Unterstellung, Gott widerspräche sich selbst, ist für LUTHER ein Sakrileg am Heiligen Geist.[31] Weil die Schrift als Werk Gottes, wörtlich: weil „die heilige Schrift, das ist Gott selbst", besser ist als alle Werke, die wir oder ein kirchliches Konzil jemals hervorbringen könnten, „müssen [wir] die Propheten und Apostel lassen auf dem Pult sitzen und hienieden zu ihren Füssen hören, was sie sagen, und nicht sagen, was sie hören müssen"[32].

Ist die Heilige Schrift als ganzes Gottes Werk, so bleibt sie es auch. Betrachtet man LUTHERS Lehre von den Gnadenmitteln, so wird rasch deutlich, dass der Satz, die Schrift müsse erst Gottes Wort *werden*[33] – nämlich dort, wo der

---

[31] Vgl. bes. WA 18, 723, 3–8: „Verflucht sei also, wer gesagt hat, dass das an seinem Ort nicht widerstreitet, was bei Paulus widerstreitet", denn jener würde „Paulus [...], wenn er die Fundamente zum christlichen Dogma legt, [unterstellen...] dass er die göttlichen Schriften entstellt und die Seelen der Gläubigen mit einer aus seinem Gehirn stammenden und gewalttätig der Schrift aufgedrängten Meinung hintergeht". Und dann ironisch resümierend: „So darf man den Geist in jenem heiligen und erwählten Werkzeug Gottes, nämlich in Paulus ehren." (zit. n. Münchener Ausgabe, Ergänzungsreihe Bd. 1 [MA], S. 158).

[32] WA 50, 657, 25–30. Es lässt jeden, der sich auch nur flüchtig mit LUTHER beschäftigt hat (geschweige denn den überwältigenden Textbestand sichtet) einigermaßen ratlos zurück, wenn man bei LOHSE (Luther, S. 163) liest, dass dieser eine Unterscheidung zwischen Bibel und Gotteswort getroffen habe.

[33] Diese Redeweise wird in der Regel mit KARL BARTH in Verbindung gebracht, der jedoch trotz dieser unglücklichen (weil unbiblischen) Wortwahl der Sache nach mit LUTHER an einem Strang zieht. Zwar beharrt BARTH darauf, dass man in der Rede vom Wort Gottes nicht abstrahieren darf „von dem Handeln Gottes, kraft welches die Bibel sein Wort an uns je und je *werden* muss [kursiv, M.K.]" (Vgl. KD I, 1, 113). BARTH möchte damit dem reformierten Anliegen von der Unverfügbarkeit Gottes Rechnung tragen. Allerdings grenzt sich BARTH gleichzeitig von einer neuzeitlich-subjektivistischen Verengung ab, die den Erweis des biblischen Wortes als Wort Gottes nur noch als Nachhall im glaubenden Selbstbewusstsein zu fassen vermag: „Nicht darin wird sie [die Bibel] Gottes Wort, dass wir ihr Glauben schenken, wohl aber darin, dass sie uns Offenbarung wird" (Ibid.). BARTH verfolgt demnach gemeinsam mit LUTHER und der lutherischen Orthodoxie gegen den Spiritualismus das Anliegen, „Gottes Wort [...] in vollem Umfang als von der subjektiven Erfahrung unabhängig und ihr gegenüber überlegen zu erweisen" (Ibid.). Auch für BARTH existiert die „Substanz", die Sache unabhängig vom Gebrauch, ist Gott dem Glauben vorgängig. Ihm geht es überhaupt nicht um das subjektive Element, um den „Gebrauch" bzw. die glaubende Aneignung von Glaubensinhalten, sondern um die Gottheit Gottes, seine heilige Transzendenz vor allen menschlichen Bemächtigungsbestrebungen.

Heilige Geist einen Leser erleuchtet und zum Glauben führt – für ihn eine wenig sinnvolle Aussage ist. Denn hat er seinen Schülern in Abgrenzung von den Schwärmern immer wieder eingeschärft: *Abusus non tollit, sed confirmat substantiam*[34], so folgt daraus: „Substanz und Gebrauch sind zweierlei! Sowenig der Missbrauch die Substanz aufhebt, sowenig kann ein Gebrauch sie schaffen, sondern ein Gebrauch ohne die vorgegebene Sache wäre bloße Erdichtung."[35] Ein Gnadenmittel aber ist ein Ding, das der Substanz nach zur Vermittlung der göttlichen Gnade gedacht ist. So ist die Bibel entweder von vornherein Gnadenmittel, nämlich gnädige Vermittlung einer Wirklichkeit, in die sich der Mensch nicht selbst hineinversetzen kann. Dann kann sie die Gnade im Gebrauch auch als solches vermitteln. Oder sie hat diese Wirkung nicht. Dann wird sich daran auch im Gebrauch nichts ändern.

2.2.3 Kanonkritik und Schriftkritik

Bedeutet nun die Tatsache, dass LUTHER die Heilige Schrift in ihrer Gänze als Gottes Werk betrachtet, als sein klares, sich selbst auslegendes Wort, das unvermischt, unverwandelt, ungetrennt und ungesondert mit dem Menschenwort verbunden ist, das Gottes Wort ist, und nicht erst werden muss, bedeutet dies, dass LUTHER Irrtümer, Ungenauigkeiten und Sachfehler in der Heiligen Schrift frei heraus leugnete? Mitnichten! Zwar geht er – das haben wir bereits erörtert – davon aus, dass es keine *errores in fide* (Glaubensirrtümer) geben könne, weil der Heilige Geist sich selbst nicht widerspricht. Ansonsten rechnet er damit, ohne dass ihn das im Bezug auf seine Gesamtsicht der Schrift anfechten konnte[36], dass es in der Schrift allerdings Fälle von

---

34 „Der Missbrauch hebt die Substanz nicht auf, sondern bestätigt die Substanz". (BSLK 703, 26ff.).

35 ROTHEN: Klarheit, S. 53.

36 Im Grunde genommen muss man sogar urteilen, dass es LUTHER schlicht egal war. Beispielsweise hat er in seinem Sacharja-Kommentar von 1527 auf die alte Frage, ob Matthäus 27,9 mit seinem Jeremia zugeschriebenen Sacharja-Zitat (11,12f.) nicht ein Irrtum unterlaufen sei, dies eingeräumt, darüber hinaus aber betont: (Vgl. Friedrich Wilhelm Hopf (Hrsg.): Sacra Scriptura. Studien zur Lehre von der Heiligen Schrift von Hermann Sasse [SASSE: Sacra Scriptura], Erlangen 1981, S. 314): „Solche und derlei [!] Fragen bekümmern mich nicht, weil sie wenig zur Sache dienen..." Oder an anderer Stelle (WA 40 I. 126,23f., zit. n. ROTHEN: Klarheit, S. 67): „Darum bemühe ich mich nicht und mache mir keinen Kummer daraus, sie [die unzusammenhängende Geschichte, die Paulus erzählt; M.K.] ins reine zu bringen; sondern ich achte darauf, was des Paulus Absicht sei und worauf er hinaus wolle." LUTHER sah also das Wesen und die Autorität der Schrift nicht dadurch gefährdet, dass solche Fehler tatsächlich existieren. Die Heilige Schrift bleibt Gottes Wort ohne jeden Abstrich. Dieser Status ist für LUTHER nicht an eine technische Irrtumslosigkeit gebunden.

Textverderbnis, falschen Zahlen[37] oder historischen Ungenauigkeiten gibt. LUTHER räumt häufig ein, dass es beispielsweise den Aposteln nicht auf historische Genauigkeit ankam, ihnen die Reihenfolge auch einmal durcheinander geriete, weil ihr Hauptaugenmerk nun einmal auf das Evangelium gerichtet sei. Auch meint LUTHER, dass etwaige Widersprüche sicher auflösbar seien, auch wenn eine Lösung ihm in einem konkreten Fall ad hoc nicht vor Augen stünde. Insgesamt galt ihm die Schrift aber als widerspruchslos und, wo der Text sie bewusst behauptet, als historisch glaubwürdig.

Wie verhält es sich nun aber mit der Kanonkritik LUTHERS? Wie ist es mit LUTHERS Schriftverständnis vereinbar, dass er den Hebräerbrief, Judas, Jakobus und Offenbarung mit dem Vermerk den restlichen Schriften anschließt, diese seien der Heiligen Schrift nicht „gleich zu achten" und müssten demnach in der Rangfolge des Neuen Testaments hinter den Hauptschriften, den „rechten gewissen Hauptbüchern"[38] rangieren? – Zunächst: Kanonkritik ist nicht dasselbe wie Schriftkritik![39] Indem LUTHER die benannten Schriften aus dem Kanon ausgeschieden wissen will, billigt er ihnen den Schriftcharakter gerade nicht zu. In gewissem Sinne könnte man auch sagen, dass ein Abstehen von jeglicher Schriftkritik streng genommen sogar eine Kanonkri-

---

[37] Sehr interessant ist LUTHERS Stellungnahme zu den Zahlenangaben in der Exodus-Erzählung vom Durchzug durchs Rote Meer. LUTHER stellt fest, dass die dort benannte riesige Zahl an Menschen schon aus logistischen Gründen unmöglich in nur einer Nacht von einer Seite auf die andere hätte wechseln können. Interessant ist diese Stelle deshalb, weil LUTHERS unaufgeregte Beobachtung theologiegeschichtlich zumeist als Verdienst J. S. SEMLERS und damit sozusagen als eine Initiationsbeobachtung historisch-kritischer Denkart verbucht wird. „SEMLER sah eben diese Unstimmigkeit im Text und sein aristokratischer Charakter, seine akademische Redlichkeit machte es ihm unmöglich, hier wegzusehen – die kritische Forschung war geboren", so wird häufig argumentiert. – LUTHER hingegen geht mit seiner Beobachtung anders um: Da er vom Schriftprinzip ausgeht, ordnet er seine Überlegung in ein anderes Koordinatensystem ein als der Inaugurator der historisch-kritischen Theologie. Da die Zahl offensichtlich nicht statistisch gemeint sein kann, folgert LUTHER, muss sie eine idealtypische Bedeutung haben, für eine große Anzahl an Menschen stehen, wie es im alttestamentlichen Sprachgebrauch häufig der Fall ist. Es liegt also nicht an den *Beobachtungen*, dass LUTHER anderes optiert als SEMLER, sondern an den *Folgerungen*, die er daraus zieht! Und die wiederum sind bestimmt durch den eigenen Standort, durch den Ort des eigenen Stehens, der das Ver-stehen bestimmt. SEMLERS Urteil ist geprägt und bestimmt durch das Prinzip neuzeitlicher Subjektivität, das Wahrheit durch das Licht der natürlichen Vernunft erhellt, LUTHER dagegen ist geleitet durch das Schriftprinzip, das seine Welt im Licht der Schrift beleuchtet.

[38] Vgl. LUTHERS Vorreden zum Hebräerbrief sowie zu Jakobus und Judas (in: Luthers Vorreden zur Bibel. Hrsg. v. HEINRICH BORNKAMM. Göttingen 1989 (3. Aufl.), S. 214–218.

[39] Das berühmteste Beispiel für eine Verwechslung dieser beiden Kategorien liefert sicherlich ADOLF V. HARNACK, der mit LUTHERS Kanonkritik das Ende der Dogmengeschichte gekommen sah (vgl. VON HARNACK, ADOLF: Lehrbuch der Dogmengeschichte. Bd. 3, Darmstadt 1964 (4. Aufl.), S. 861).

tik – nämlich ein Unterscheiden zwischen heiligen und profanen Schriften – voraussetzt, wohingegen eine reine Schriftkritik gar nicht mit heiligen Schriften rechnet, sondern alles in den Strom der Literaturgeschichte eingliedert.

Allerdings bleibt natürlich die Frage, ob LUTHERS Kanonkritik *materialiter* berechtigt ist, d. h., ob die Gründe, die er für den Ausschluss der vier Schriften jeweils benennt, zureichend sind, bzw. noch grundsätzlicher, ob heuristisch das von LUTHER angewandte Beurteilungsverfahren seinen eigenen Voraussetzungen entspricht.[40] – Ein Indiz, dass dem nicht so ist, und dass Luther später seine Meinung geändert hat, liefert die Tatsache, dass LUTHER den Schluss seiner Vorrede („Welches die rechten und edelsten Bücher des Neuen Testaments sind"[41]) nach 1534 nicht mehr drucken ließ.[42]

2.2.4 Philologische und historische Fragen

Die Überzeugung, dass die Bibel Gottes Wort ist, entbindet nicht von dem Bestreben, ihre Texte unter Inanspruchnahme aller Geisteskräfte und erlernten Fähigkeiten auf ihren Sinn hin zu untersuchen. Das geschieht sowohl auf ihre sprachliche Dimension hin, als auch im Bezug auf den geschichtlichen Kontext. Das schließt bei LUTHER nicht nur philologisch-synchrone Überle-

40 LUTHERS Kanonkritik enthält drei Kriterien (vgl. BUCHHOLZ: Lehrstreit, S. 74): *Erstens* das altkirchliche Urteil zur Abgrenzung des Kanons. *Zweitens* die Frage nach der apostolischen Verfasserschaft der unter 1. als zweifelhaft behandelten Schriften. *Drittens* die Frage nach deren apostolischem Lehrinhalt. Als Prüfstein gilt, ob sie „Christus treiben". Geprüft wird dies nach der *regula fidei* gemäß Römer 12, 7 („Alle Weissagung soll dem Glauben ähnlich sein"). Problematisch muss von LUTHERS eigenen Voraussetzungen der dritte Punkt erscheinen. Es stellt sich die Frage, was mit „Christus treiben" überhaupt gemeint ist. Schließt man mit Recht eine rein statistisch-konkordante Suche nach dem Wort „Christus" aus und begreift man die Wendung als die Rede von der „Sache", die in der jeweiligen Schrift behandelt wird, also dass es zentral um die Person und das Heilswerk Jesu Christi geht, so bleibt doch die Frage, inwiefern ein einzelner Mensch letztgültig die Entscheidung treffen kann, dass eine Schrift dieses Kriterium nicht erfüllt. Denn zum einen weiß auch LUTHER, dass wir von Christus überhaupt erst (und allein!) durch die Schrift erfahren und uns den Maßstab der Beurteilung zuallererst von ihr geben lassen müssen. Zum anderen ist Erkenntnis Christi nach LUTHER nicht ohne Geisteinwirkung möglich. Der aber kommt längst nicht immer synchron zum Lesen des Wortes hinzu. LUTHER selbst kann sagen, dass einem bestimmte Schriftstellen erst nach Jahren aufgehen, manche vielleicht nie. – Kein Mensch wird deshalb die Kanonizität einer biblischen Schrift letztgültig bestimmen können. Müsste es deshalb nach LUTHERS eigenen Voraussetzungen nicht angeraten sein, mit dem Blick auf das Urteil der Alten Kirche zurückhaltender mit derartig weit reichenden Urteilen umzugehen? Dieser hatten (sich) die vier „Wackelkandidaten" nach zähem Ringen immerhin als Heilige Schrift „imponiert".

41 WA DB 6, 10, 8f.

42 Vgl. ROTHEN: Klarheit, S. 47.

gungen ein, sondern auch die Beachtung historischer und entstehungsgeschichtlicher Bezüge.

„Die natürliche Sprache ist Frau Kaiserin" dürfte als das Hauptaxiom der philologischen Arbeit LUTHERS gelten. – Auf der natürlichen Wortbedeutung einer Textstelle ist solange zu beharren, als eine andere Lesart nicht theologisch zwingend geboten ist. *Zwingend* meint, dass die theologische Beweisführung die Notwendigkeit der ihr zugrunde liegenden Exegese zu demonstrieren hat, nicht bloß ihre Möglichkeit.[43] *Theologisch* heißt, dass nur der Verstoß gegen einen Artikel des Glaubens eine andere als die natürliche Bedeutung rechtfertigen könnte.[44] Geht es nur darum, dass die Vernunft sich an einer nach ihrem natürlichen Wortsinn verstandenen Passage stört, ist dies kein hinreichender Grund. Schließlich gibt es kaum einen christlichen Glaubensartikel, der sich nicht in der einen oder anderen Weise gegenüber einer vernünftigen Durchdringung als widerständig erweist – man denke nur an die klassischen Loci Trinitätslehre, Christologie oder Hamartiologie.

Die Bestimmung der natürlichen Wortbedeutung erfolgt bei LUTHER unter den Gesichtspunkten der Grammatik, der Dialektik (Logik) und des Kontextes.[45] Dabei legt er besonderen Wert auf den spezifischen Gebrauch eines Wortes in der Heiligen Schrift selbst, der von seiner Verwendung außerhalb der Schrift abweichen kann. LUTHER beobachtet in der Schrift eine besondere „soteriologische Grammatik", durch die einzelne Worte von der Sache des Evangeliums her eine Umprägung erfahren, sie „zur Taufe getragen" werden. Berühmtestes Beispiel bei LUTHER ist sein Verständnis der „Gerechtigkeit Gottes", die er nicht als *iustitia distributiva* (austeilende Gerechtigkeit) verstanden wissen will, sondern als eine Eigenschaft, die Gott dem Glaubenden zueignet.[46]

Der natürliche Sprachgebrauch ist nach dem Maßstab der *simplicitas* (Einfachheit) zu ermitteln. Jeder Text ist auf eine Bedeutung zu beschränken, Allegoresen bergen immer schon das Moment der Häresie und des Widerspruchs in sich. LUTHER betont zuweilen, dass alle Häresien und Irrtümer nicht etwa aus der Einfachheit der Worte entsprungen sind, sondern aus deren Nichtbeachtung, nämlich aus Bilderreden und Folgerungen des eigenen Gehirns.[47]

---

43 Vgl. ROTHEN: Klarheit, S. 103. An dieser Forderung entzündet sich auch maßgeblich der Streit LUTHERS mit ZWINGLI, OEKOLAMPAD und KARLSTADT.

44 Vgl. ROTHEN: Klarheit, S. 104.

45 Vgl. BUCHHOLZ, ARMIN: Schrift Gottes im Lehrstreit. Luthers Schriftverständnis und Schriftauslegung in seinen drei großen Lehrstreitigkeiten der Jahre 1521–28. Frankfurt 1993 [BUCHHOLZ: Lehrstreit], S. 97.

46 Vgl. BUCHHOLZ: Lehrstreit, S.106.

47 Vgl. ROTHEN: Klarheit, S. 94.

LUTHER ist davon überzeugt, dass sich in der Schrift kein einziger *sachlicher* (!) Widerspruch finden lässt, wenn man sich bei der Textauslegung nicht vorschnell mit abschwächenden Bilderreden zufrieden gibt.[48] Einer dem natürlichen Sprachgebrauch folgenden Auslegung entspricht es, dass den *verba* stets eine *res* zugeordnet ist. Dem läuft es zuwider, wenn man Worte durch Adjektivzusatz das Gegenteil von dem aussagen lässt, was sie ursprünglich meinen – so z. B. Erasmus' als „unwirksame Kraft" titulierter „freie Wille". Ebenso ist eine „verlorene Gesundheit" ein Missbrauch der Sprache. Die *natura verbi* muss eine mit ihr kongruente Wirklichkeit bezeichnen.[49] Umgekehrt ist folgerichtig nur dann die natürlicherseits bestehende Wortbedeutung aufzugeben, wenn durch die *verba* keine *res* ausgesagt wird.[50]

Die bisher skizzierten Kriterien in LUTHERS philologischer Arbeit belegen einen durchdachten, systematischen Umgang mit dem Text, dessen diachrone Dimension er darüber hinaus ebenso wenig vernachlässigt. Er mutmaßt, dass MOSE als Autor des Pentateuchs auf Quellen zurückgegriffen haben muss[51], skizziert anschaulich das spezifisch geschichtliche Kolorit einzelner biblischer Schriften, um die Vergegenwärtigung der historischen Situation zu ermöglichen. Er weist auf die durch historische Verwurzelung ihrer Verfasser bedingten Eigentümlichkeiten eines Textes hin und macht redaktionsgeschichtliche Beobachtungen.[52] Auch deckt er Versehen und Irrtümer der biblischen Autoren auf, bezeichnet historische Spannungen bei der Rekonstruktion bestimmter Begebenheiten, räumt aber, wie schon beschrieben (s. o. 2.2.3), ein, dass ihn diese Fragen nicht besonders kümmern, „weil sie wenig zur Sache dienen".

Hat LUTHER also durchaus „historisches Bewusstsein", wie er übrigens auch mit dem Verfassen einer kleinen Weltgeschichte dokumentiert[53], kann

---

48 Vgl. ROTHEN: Klarheit, S. 123.

49 Vgl. BUCHHOLZ: Lehrstreit, S. 94.

50 Das spielt z. B. dort eine Rolle, wo – wie bei Genesis 4,7 oder Exodus 20, 3–17 – zu entscheiden ist, ob im Hebräischen ein futurischer Indikativ tatsächlich als solcher (d. h. im Sinne einer Verheißung) zu übersetzen ist, oder ob er sachbedingt eine imperativische Bedeutung hat (Vgl. BUCHHOLZ: Lehrstreit, S. 106f.).

51 Vgl. SASSE: Sacra Scriptura, S. 304.

52 Vgl. ROTHEN: Klarheit, S. 65. So macht LUTHER beispielsweise die schönfärberische Geschichtsschreibung der Chronik bewusst und klärt Autorenfragen.

53 Vgl. LUTHERS „Supputatio annorum mundi", in der er auch Profanquellen zu denen der Bibel in Beziehung setzt. Anders als bei modernen Projekten dieser Art (etwa bei historischen Konstruktionen einer Geschichte Israels bilden bei LUTHER die biblischen Quellen den Rahmen, in den die Schriften profaner Historiker eingepasst werden. Er verwendet sie nur in dem Masse als „ich nicht gezwungen bin, der Schrift zu widersprechen" (Vgl. SASSE: Sacra Scriptura, S. 304f.).

er also die Bedeutung geschichtlicher Zusammenhänge für eine präzisere und anschaulichere Auslegung eines Textes heranziehen, so würde er umgekehrt nicht auf den Gedanken kommen, das Historische an einem Text zum „Eigentlichen" zu stilisieren, als die Sinnebene, den Deuterahmen, innerhalb dessen das Offenbarungsgeschehen den Charakter einer subjektiv-religiösen, im Grunde „uneigentlichen" Deutung einnimmt. Historische Bezüge haben bei LUTHER vielmehr dienende Funktion, sie sind verstanden als das Spezielle, das im Verhältnis zum Eigentlichen der Offenbarung den Charakter eines Begleitumstandes einnimmt. Dass MOSE eventuell auf Quellen zurückgreift, ändert nichts an der Annahme der Inspiration des kanonischen Textes, an der Gewissheit, dass darin Gott spricht und sich dort ebenso vollgültig offenbart, wie in den Passagen, die seines Erachtens direkt auf MOSE zurückgehen.[54] Überhaupt ist die Tatsache, dass die biblischen Texte natürlich von menschlichen Autoren verfasst wurden, auch für LUTHER eine rundheraus zu bejahende Plattitüde, allerdings eine, die er durch den erheblichen, qualitativ gemeinten Zusatz erweitert: „Die heilige Schrift ist nicht der Juden, nicht der Heiden, auch nicht der Engel, noch weniger der Teufel [wir fügen ausdrücklich hinzu: auch nicht der allgemeinen Religionsgeschichte und ihrem Sachwalter, der sog. „kritischen Forschung"], sondern allein Gottes, der hat sie allein gesprochen und geschrieben, der soll sie auch allein deuten und auslegen, wo es not ist."[55] Man kann mit einem gewissen Recht sagen, dass das „historische Bewusstsein" LUTHERS gegenüber dem heutiger Theologie sogar stärker ausgeprägt war, insofern er sich implizit[56] der dogmatischen Voraussetzungen des Historischen bewusst, diesen nicht beugte, sondern sie in der theologischen Entscheidung, dass die Heilige Schrift auf die Seite Gottes zu rechnen sei, gerade verwirft.

---

54 Keine Spur von einem erst in der Romantik aufkommenden Zweiklassendenken, das den Autor als das religiöse Genie in unendliche qualitative Ferne zu den ihm vorliegenden verarbeiteten Quellen rückt, ganz zu schweigen von jenen armseligen Kreaturen, die sich „Redaktoren" nennen. Ihnen haftet in der Forschung bisweilen unausgesprochen der Nimbus der Unzurechnungsfähigkeit an...

55 WA 53, 644, 25ff.

56 Explizit wird der dogmatische Charakter des Historischen schließlich erstmals von E. TROELTSCH herausgestellt, der das Wesen der historisch-kritischen Methode in den unhintergehbaren Kriterien Kritik, Analogie und Korrelation umreißt (Vgl. TROELTSCH, ERNST: Über historische und dogmatische Methode in der Theologie. Bemerkungen zu dem Aufsatze „Über die Absolutheit des Christentums" von Niebergall (1898), in: Zur religiösen Lage, Religionsphilosophie und Ethik. Ges. Schriften II. Tübingen 1922, 2. Aufl.).

2.3 Alles klar? – Doppelt klar!

Machen wir es uns noch einmal bewusst: LUTHER wusste die Geschichtlichkeit biblischer Texte für ihre Auslegung durchaus fruchtbar zu machen. Er brachte zu ihrer Interpretation weiterhin eine überaus reflektierte sprachhermeneutische Konzeption in Anschlag. Und er war bei all dem stets in Frontstellung gegen eine Institution, die unter Hinweis auf eine Jahrhunderte alte Auslegungspraxis z. T. ganz andere Dinge aus der Heiligen Schrift herauslas. – Wer hätte mehr als der Reformator das Recht zu sagen gehabt, dass die Bibel ein Buch mit sieben Siegeln sei, eine Quelle steter Falschdeutungen und wuchernden Sektierertums? – Stattdessen nun das: Im Streit mit einem der römischen Vorzeigetheologen, mit ERASMUS VON ROTTERDAM, behauptet Luther die völlige Klarheit der Heiligen Schrift.

Der Streit entzündet sich an der Behauptung des ERASMUS, die biblischen Schriften seien an bestimmten Stellen „dunkel“, d. h. unverständlich. Das lässt LUTHER nicht gelten: „Ich will, dass kein Teil von ihr dunkel genannt wird.“[57] Freilich gäbe es Schriftstellen, an denen sich technische Probleme aufgrund von „Unkenntnis der Worte und der Grammatik“[58] stellten, die Sachebene sei aber davon nie betroffen. Deshalb muss gelten: „Alles, was auch immer in der Schrift steht, ist durch das Wort ins gewisseste Licht gerückt und aller Welt öffentlich verkündigt.“[59] Als Hauptbelegstellen für die äußere Klarheit des Wortes werden Psalm 19,9 („Die Gebote des Herrn sind klar und lauter und erleuchten die Augen“) sowie Psalm 119,105 („Dein Wort ist meines Fußes Leuchte und ein Licht auf meinem Wege“) aufgeführt.[60]

In seiner gegen ERASMUS gerichteten Kampfschrift *De servo arbitrio* legt LUTHER seine ausdifferenzierteste Darlegung über die Klarheit der Bibel vor. Einer doppelten Klarheit der Heiligen Schrift korrespondiert auf der Seite des Verstehens eine doppelte Dunkelheit (*obscuritas*) des menschlichen Sinnes. Es sind also nach LUTHER menschenseitige Faktoren, die den Erkenntnisprozess behindern, nicht etwa die hermeneutische Abständigkeit einer antiken Quelle. Diese anthropologische Grundkonstitution ist aber auch nur bedingt durch menschliche Technik korrigierbar, allenfalls dort, wo es sich um Unkenntnis der biblischen Sprachen, mangelnde Sorgfalt im Bemühen um Verständnis des Textes oder auch um einen falschen Optimismus hinsichtlich der eigenen Auslegungskompetenz handelt.

Der eigentliche Schaden sitzt tiefer. Durch den Sündenfall ist „die Ver-

---

57 MA, S. 68 (WA 18, 656).
58 MA, S. 15 (WA 18, 606).
59 MA, S. 18 (WA 18, 609).
60 MA, S. 66 (WA 18, 654).

nunft [...] vom Teufel besessen...[und]...tut großen Schaden in Gottes Sachen...[Erst,]...wenn sie [...] vom heiligen Geist erleuchtet wird, so hilft sie judiziren und urteilen die heilige Schrift“[61]. LUTHERS Rede von der Besessenheit weist darauf hin, dass die Blindheit der Vernunft gegenüber der Heiligen Schrift nicht etwa bloß passiver Natur ist, sozusagen ein Makel, der bei der Auslegung das Fehlen des optimalen Stempelglanzes nach sich zöge. Vielmehr beinhaltet die Blindheit der Vernunft eine aktive Feindschaft gegen Gottes Wort, aus der heraus sie entschärfend oder umdeutend interpretiert, z. B. durch vergesetzlichende, rationalisierende oder historisierende Deutung.[62] Der natürliche Mensch kann in diesem Sinne nie „Anwalt des Textes“ sein. Gegenüber seiner Verdunklung muss sich die Klarheit der Schrift erst durchsetzen und Glauben schaffen, denn der Mensch hat von Natur aus nicht Anteil am göttlichen Licht, sondern an der Finsternis der Welt.

2.3.1 Die äußere Klarheit der Schrift (claritas externa): Die Worte

Die äußere Klarheit und Gewissheit des Schriftwortes veranlasst LUTHER dazu, der philologischen Arbeit am Text eine wichtige Rolle im Vollzug von Schriftauslegung einzuräumen. Mit einer Übersetzung zu arbeiten, so LUTHER, ist stets ein stümperhaftes Unternehmen, und geht nicht ohne Verzerrung ab. Nur die Arbeit am Grundtext führt zu wirklicher Textgewissheit und bewahrt vor Irrtum. LUTHER geht sogar soweit, davor zu warnen, den ursprachlichen Wortlaut einer Paraphrase zu unterziehen, da die beschriebenen Sachverhalte in Gottes eigenem Wort in besonders qualifizierter Weise aufgehoben sind: „Denn es ist gar gefährlich von Gottes Sachen anders zu reden oder mit anderen Worten, denn Gott selbst braucht.“[63]

LUTHERS Ansicht speist sich dabei aus der Voraussetzung, dass es so etwas wie einen kreatürlichen Sprachgebrauch gibt, etwas, was Gott jedem Menschen eingestiftet hat und was nur unter pervertierten Bedingungen verwillkürlicht werden kann. „Überall muss man an der einfachen, reinen und natürlichen Bezeichnung der Worte haften, wie es die Grammatik und der Sprachgebrauch hält, den Gott unter den Menschen geschaffen hat.“[64] Sprache ist also nicht als ein Zeichensystem verstanden, bei dem die Verbindung zwischen Zeichen und Bezeichnetem beliebig gestaltet wäre. Vielmehr besteht eine seinsmäßige Verbindung zwischen Wort und Schöpfungsgegenstand – analog zum

61 WA TR 1, 192, 15f.19f. (439, 1533).
62 Vgl. ROTHEN: Klarheit. S. 149.
63 Vgl. WA 15, 42, 17ff.
64 MA, S. 128f. (WA 18, 700).

göttlichen Schöpfungswort, dem das Geschaffene sein Wesen verdankt. Das Sein einer Sache ist also bereits im dieses bezeichnenden Wort aufbewahrt.

Der kreatürlichen Sprachgestalt korrespondiert seine *noetische Evidenz* im geschöpflichen Bereich, so dass jeder die Worte der Schrift „versteht", auch wenn er sie nicht „versteht". LUTHER bemüht die Paradoxie eines doppelten Verstehensbegriffs, um darzustellen, was auch Römer 1,18ff. in dieser Form beschreibt: Es gibt eine Offenbarung, ein Erkennen, ein Wissen, und doch korrespondiert dem eigentümlicherweise nicht die wahre Anbetung Gottes und dankbare Bewährung der Kreatürlichkeit, sondern Dahingabe in den Götzendienst und pervertierte Lebensformen. LUTHER macht das tatsächliche Verstandenhaben am Widerstreben der Menschen gegen dieses Wort fest.[65] Ihr Verstehen findet seine Ausdrucksform gerade im Widerstreben! Denn um eine solche Bewegung zu vollziehen, muss man zuvor seinen rein formalen positiven Gehalt erfasst haben.[66] Wäre das kraft seiner Kreatürlichkeit jedem evidente Wort nicht in diesem Sinne verstanden, könnte auch nicht gut von einer „Schuldigkeit aller" die Rede sein.

Ein weiterer Grund für LUTHERS Hochschätzung des äußeren Wortes ist die *öffentliche* Funktion, die dieses vermittelst des Predigtamtes ausübt. Im Gegensatz zum Heiligen Geist, dessen Wirkbereich das menschliche Herz betrifft, ist das äußere Wort die Instanz, um im zwischenmenschlich-öffentlichen Bereich in Gestalt präziser Kommunikation für Klarheit zu sorgen. Im Vollzug des Predigtamtes unterzieht das Wort der Schrift jedwede Form theologischer Meinung, Lehre und Dogma einer öffentlichen Prüfung und führt sie in seinem Licht einem eindeutigen Urteil zu. Darüber hinaus dient es der seelsorgerlichen Auferbauung.[67] Auch erfüllt das Wort eine gleichsam exorzistische Funktion, indem es dem Herrn dieser Welt Herrschaftsgebiet streitig macht: „Der Teufel achtet meinen Geist nicht so sehr als meine Sprache und Feder in der Schrift. Denn mein Geist nimmt ihm nichts denn mich allein."[68] So nennt LUTHER die Schrift auch „Christi geistlichen Leib", der zur eigenen Vergewisserung ebenso geprüft werden kann, wie die Jünger den auferstandenen Herrn betastet haben.[69] Christus ist im äußeren Wort der

---

65 Vgl. WA 18, 717, 12–18.

66 Vgl. BUCHHOLZ: Lehrstreit, S. 80. Das Verhältnis der beiden Verstehensweisen entspricht LUTHERS doppeltem Offenbarungsbegriff, nach dem die Offenbarung dem Menschen zum Heil oder zur Verdammnis gereicht. Gottes Wort ist immer wirksam – auf die eine oder andere Weise – jedoch niemals „neutral".

67 MA, S. 65 (WA 18, 653).

68 Vgl. WA 15, 42, 17ff.

69 Vgl. WA 7, 315, 22: „Lies doch Christus seyn hend, fusz und seyten tasten, auff das die iunger sein gewisz weren. Warumb sollten wyr den auch die schrifft, die do warlich Christus geystlicher leyb ist, nit tasten und pruffen?"

Schrift hier und jetzt so gegenwärtig, wie er es nach der Auferstehung in seinem Geistleib gewesen ist.[70]

Damit ist aber auch schon die dritte, gleichsam *soteriologische* Funktion des äußeren Schriftwortes angedeutet: Ohne dieses wäre uns Christus nicht gegeben, ebenso wie der inkarnierte Christus nicht ohne seinen Leib zu haben ist. Sein Leben und Leiden würden uns nichts nützen, wenn es nicht eingeschlossen wäre ins äußere Wort, an das der Glaube sich halten kann (und muss, wenn es richtiger Glaube ist!). Als äußeres Wort begegnet es auch gerade als fremdes, widerständiges Wort unseren Gedanken, die als menschliche Gemächte soteriologisch genauso unter die erlösungsohnmächtige Kategorie „Werk" fallen wie jedes andere Tun des Menschen. Auch aus seinem Denken und der daran geknüpften eigenen Gerechtigkeit muss der Mensch durch das glaubenstiftende äußere Wort erst herausgerufen werden. Seine alte Existenz wird dabei ihrer Bilder entkleidet, die der Mensch als eigene ideologische Gerechtigkeit gegen die fremde Gerechtigkeit Gottes aufgerichtet hat.[71]

2.3.2 Die innere Klarheit der Schrift (claritas interna): „Die Sache"

Wurde die äußere Klarheit der Heiligen Schrift durch LUTHER anhand der geschöpflichen Evidenz des Schriftwortes begründet, so wird die innere Klarheit durch das Zeugnis des Heiligen Geistes hervorgebracht. Eine Scharnierfunktion von der *claritas externa* zur *claritas interna* nimmt dabei der nun folgende, im Grunde die *claritas externa* beschreibende, Textabschnitt ein, der aber den Schlüsselbegriff für die *claritas interna*, „die Sache", transportiert. LUTHERS Rede von der „Sache" bezeichnet nämlich einerseits einen jedermann zugänglichen Sachverhalt, erfordert aber andererseits ein Maß von Verstehen, das – gemäß Luthers doppeltem Verstehensbegriff – über ein semantisch-syntaktisches Verstehen hinausführt.

Die an den Textabschnitt anschließende Thesenreihe entfaltet wesentliche Einsichten, die sich aus diesem ergeben. Die dann folgenden Erläu-

---

70 Diese Ausführungen verdeutlichen, dass die *claritas externa* schwerlich mit der *perspicuitas* der orthodoxen Schriftlehre (geschweige denn mit der neuprotestantischen Kategorie der „Geschichtlichkeit") verwechselt werden darf, denn der auferstandene Herr ist ja nicht in sich selbst – man denke etwa an die Emmausjünger – als solcher erkennbar. Vielmehr bedarf es zur Erkenntnis dieser neuen Realität erst der Erleuchtung durch den Geist, dessen eigenstes Werk es ist, den Auferstandenen als eben diesen zu erweisen.

71 Vgl. PRENTER, REGIN: Spiritus Creator. Studien zu Luthers Theologie, in: Forschungen zur Geschichte und Lehre des Protestantismus (Hrsg. v. Ernst Wolf. 10. Reihe, Bd. VI). München 1954 [PRENTER: Spiritus], S. 117f. (Vgl. dazu auch 3.3).

terungen nehmen flankierende Äußerungen LUTHERS zur Auslegung der Schrift auf und geben den einzelnen Abschnitten eine gewisse Bündelung.

2.3.2.1 Die Heilige Schrift ist klar, weil ihre „Sache" klar ist

„Freilich gestehe ich, dass viele Stellen in der Schrift dunkel und verschlossen sind, nicht wegen der Erhabenheit der Dinge, sondern wegen der Unkenntnis der Worte und der Grammatik, die jedoch in nichts das Verständnis aller Dinge in der Schrift aufhalten kann. Denn was kann an Erhabenem in der Schrift verborgen bleiben, nachdem […] jenes höchste Geheimnis preisgegeben ist: Christus, der Sohn Gottes, sei Mensch geworden, Gott sei dreifaltig […] Nimm Christus aus der Heiligen Schrift, was wirst Du außerdem noch darin finden? Die Dinge also, die in der Schrift geltend gemacht sind, sind alle zur öffentlichen Kenntnis gebracht, wenn auch einige Stellen bisher aus Unkenntnis der Worte dunkel sind. Töricht und gottlos ist es aber, zu wissen, dass alle Dinge der Schrift im klarsten Licht daliegen, und wegen weniger dunkler Worte die Sache dunkel zu nennen. Wenn die Worte an einer Stelle dunkel sind, so sind sie jedoch an einer anderen klar. Es ist aber ein und dieselbe Sache, die aufs deutlichste der ganzen Welt verkündigt [ist]."[72]

1. Die Dunkelheit bzw. Undeutlichkeit einzelner Schriftstellen stellt die Klarheit ihrer Sache nicht in Frage.
2. Umgekehrt gewährleistet erst die Klarheit der Sache auch das Verstehen der einzelnen bisher unklaren Textpassagen.
3. Die Sache der Schrift hat noetisch das Primat vor den Worten. Erst, wer die Sache verstanden hat, kann auch die Worte recht verstehen und zuordnen.
4. „Die Sache" ist Christus, offenbart als der gekreuzigte und auferstandene Herr.
5. Die Klarheit Christi vermittelt sich gleichzeitig *durch* diese Worte und *trotz* der (wenigen unverständlichen) Worte. Er bindet sich an das Wort und erklärt sich doch in einer gewissen Eigenständigkeit von ihnen – das Verhältnis von Wort und Geist ist hier angesprochen.
6. Die Klarheit Christi, d. h. die Offenbarung seiner Person als des Gekreuzigten und Auferstandenen, ist nach christlicher Lehre das Amt des Heiligen Geistes.

---

72 MA, S. 15f. (WA 18, 606).

Die äußere Klarheit der Heiligen Schrift ergibt sich aus der Eindeutigkeit ihrer Sache. Das bedeutet nun aber nicht, dass die Sache *allein* durch die Worte erfassbar sei, die der Mensch vermittelst seines kreatürlichen Sprachvermögens zu verstehen in der Lage ist. Es bleibt eine Differenz, ein „Mehrwert", der in den Worten allein nicht aufgeht. Dieser ist allein im Glauben ausschöpfbar. Umgekehrt bedeutet das aber, dass ein vom Glauben gelöster, rein kreatürlicher Umgang mit den Worten sogar kontraproduktiv für das Verstehen sein kann. In polemischer Zuspitzung gegen einen Humanisten, den sog. „Bock Emser", kontrastiert LUTHER die Bewegung des Glaubens zu einer davon abgekoppelten Kenntnisnahme des Wortes „etsi deus non daretur"[73]: „So erleuchtet der Glaube nicht den Intellekt, ja er macht ihn sogar blind, sondern den Affekt [...] Nicht so das Wort des Buchstabens und menschlicher Weisheit: dies entleert den Glauben, weil es begreiflich macht, was es sagt und sich als eine Leuchte der Augen erzeigt."[74] Beim unerleuchteten Umgang mit dem Schriftwort kann der Intellekt regelrecht zur Verstehensbremse werden. Das Verstehen wirkt dann geradezu als Prozess menschlicher Selbstsicherung gegen das eigentlich zum Tun anleitende Wort. Das „Verstandene" (und darin paradoxerweise gerade nicht Verstandene) verschwindet im Aktenkeller der Richtigkeiten, sorgsam archiviert, um ja nicht über die Affekte zur glaubenden Tat zu führen. Das vom Glauben, von der Erkenntnis Christi, gelöste Wort ist reiner „Buchstabe", verfällt der Handhabe des Auslegers, verliert als geistlicher Leib Christi unter der Sezierarbeit des Geist-losen Exegeten sein Leben, die lebendigen Texte werden zu „Textleichen".

In genauer Umkehrung dieser Bewegung kann man die Schriftauslegung LUTHERS als „Explikation des lebendigen Christus" verstehen, aus dessen Wesen sich das Verhältnis von Wort und Geist brauchbar veranschaulichen lässt: Durch den Geist erweist sich das Wort, der geistliche Leib Christi, als der Lebendige. Christus vermittelt sich in jedem Wort der Schrift als der lebendige Herr. Betrachtet man das Wort unabhängig vom Geist, d. h. wird sein Gehalt von seiner sachlichen Ausrichtung auf Christus abstrahiert, raubt man dem Leib das Leben, die Texte bleiben tot und können so auch den toten Ausleger nicht zu einem Erkennen führen, das über die Perspektive der Todverfallenheit hinauszuweisen vermag. Denn es ist auch im Bereich der Schriftauslegung der Geist, der lebendig macht, der die Begegnung mit dem Lebendigen herbeiführt und dafür sorgt, dass Totes nicht länger durch Totes erklärt, dass der Todeskreislauf durchbrochen wird, in dem der Ausleger letzt-

---

73 „als ob es Gott nicht gäbe".

74 WA 7, 639, 14–28; zit. n. MÜLHAUPT, ERWIN (Hrsg.): D. Martin Luthers Psalmen-Auslegung. Bd. 3. Göttingen 1965 [MÜLHAUPT], S. 440.

lich nichts aus den Texten herausziehen kann, was er nicht auch schon vorher gewusst hätte.

Ist es also *conditio sine qua non*, dass das Wort nicht ohne den Geist verstanden werden kann, so muss auch das andere gelten: Der Geist wird einzig durch das äußere Schriftwort vermittelt, die Sache ist nicht anders gegeben als durch ein Verstehen der Worte. Es ist das Amt des Heiligen Geistes, Christus zu offenbaren, die Herrlichkeit des in der Niedrigkeit der Schrift verborgenen geistlichen Leibes Christi zu erweisen und so Christus dem glaubenden Ausleger durch das äußere Wort gleichsam sakramental zuzusprechen. Andernfalls wäre Christus nur historisch gegeben, als eine Idee, die dann aber nicht retten könnte. Durch das Wort hingegen ist Christus *uns* gegeben – widerständig gegen intelligible Auflösungserscheinungen und religiöse Selbstgespräche. Das Verhältnis zum äußeren Wort bestimmt also die Wegscheide zwischen Glauben und Frömmigkeit. Nur wer sich durch das Wort aus seiner Fleischlichkeit weggerufen hört, flieht von sich selbst, seinem religiösen „Wissen" und einem daraus eventuell folgenden Imitatio-Ideal (Vorbildchristologie) zum lebendigen Christus.[75]

Empfangen die Worte ihre letztgültige Bedeutung von der Sache, von Christus her, so ist damit aber nicht nur eine Entscheidung im Bereich des Semantisch-syntaktischen bezeichnet, sondern auch ein hermeneutisches Kriterium, das sich bei der Gesamtinterpretation biblischer Zusammenhänge – etwa in der Beurteilung geschichtlicher Relationen – nachdrücklich in Erinnerung ruft. Theologiegeschichtlich besonders einschneidend wird das an LUTHERS epochemachendem – freilich gänzlich unhistorischem – Verständnis des Gesetzes deutlich, dessen geistliche, d. h. die eigentliche Sache bezeichnende Bedeutung nach LUTHER gerade darin liegt, dass es den alten ich-haften Menschen tötet und so zu Christus führt bzw. dass in Christus das Gesetz seinen Schrecken verliert.[76] Es ist auch bemerkenswert, wie LUTHER theologisch-sachliche Einsichten bis in seine Übersetzungen hinein konturiert, wenn er beispielsweise in seiner Psalmenvorlesung 1513/15 vom „Gesetz des Herrn" statt vom „Gesetz des Mose" spricht bzw. es einfach mit „Wort Gottes" paraphrasiert[77], nicht zu vergessen seine christologische Auslegung der Psalmen, die ihren Deutungsfluchtpunkt auf jenen Ort legt, auf den die Sache der Schrift in jedem ihrer Verse mit unaufhaltsamer Kraft hin-

---

75 Vgl. PRENTER: Spiritus, S. 121.

76 Beispielsweise WA 39 I, 372,14ff. (zit. n. MÜLHAUPT, S. 445): „Der ganze Psalm spricht von Christus und seinem Reich und Evangelium. Christus aber ist der Erfüller des Gesetzes. Wenn er gegenwärtig ist, verliert das Gesetz seine Kraft und kann seinen Zorn nicht ausrichten, weil Christus uns von ihm befreit hat."

77 WA 4, 280 (zit. n. MÜLHAUPT, S. 401).

drängt: Auf Christus, den gekreuzigten und auferstandenen Herrn und Gott.[78]

2.3.2.2 Erst das Verstehen der Sache gewährleistet ein wirkliches Verstehen der Heiligen Schrift

„Wenn du von der inneren Klarheit sprichst, nimmt kein Mensch auch nur ein Jota in der Schrift wahr, wenn er nicht den Geist Gottes hat. Alle haben ein verfinstertes Herz, so dass sie, mögen sie auch alles, was in der Schrift steht, sagen und vorzubringen wissen, trotzdem nichts davon wahrnähmen oder wahrhaft erkennten [...] Der Geist nämlich ist zum Verstehen der ganzen Schrift und auch nur irgendeines Teiles derselben erforderlich."[79]

1. Die Klarheit der Sache, die Christusoffenbarung wird von LUTHER nun als „innere Klarheit" präzisiert.
2. Sie heißt *innere* Klarheit, weil der soteriologische Wirkbereich des Heiligen Geistes das menschliche Herz ist.
3. Es wäre ein fatales Missverständnis, dieses innere Wirken des Geistes mit einer auf den emotionalen Bereich beschränkten „Innerlichkeit" zu identifizieren. Das „Herz" bezeichnet biblisch nicht die emotionale Seite des Menschen, sondern den Menschen als ganzen im Hinblick auf sein Personzentrum, d. h. mit *allen* seinen Seelenkräften – auch den intellektuellen.
4. Die „innere Klarheit" der Schrift bezeichnet die Erleuchtung durch den Heiligen Geist.
5. Diese Erleuchtung führt nicht zu einem speziellen, für andere esoterischen Wissen, auch nicht zu einer unspezifischen Glaubensgewissheit, sondern wirkt die Erkenntnis Christi und lässt als Folge dieser Erleuchtung – des Lichtes Christi! – auch die Schriftworte in neuem – nämlich Christi! – Licht aufscheinen. Als Licht der Welt ist Christus auch das Licht der Heiligen Schrift.

---

[78] Vermutlich würde LUTHER K. HOLL ein hoffnungsloses Unverständnis der Sache der Schrift gegenüber attestieren, wenn HOLL ihm deswegen eine verhängnisvolle Umdeutung der Psalmen vorwirft, weil LUTHER diese nicht als Gebete von Selbstgerechten entlarve, sondern ihren Sinn durch Eintragen der paulinischen Rechtfertigungslehre in ihr „Gegenteil" verkehre. Mit LUTHERS „Überzeugung, dass die Bibel in allen ihren Teilen einen und denselben Sinn habe...[tue er]...dem Text die schwerste Gewalt an". Im Bezug auf LUTHERS Deutung der Rachepsalmen findet es HOLL „fast bewundernswert, mit welcher Kunst Luther bei ihnen dem wahren Sinn des Textes ausweicht" (HOLL, KARL: Luthers Bedeutung für den Fortschritt der Auslegungskunst, in: Gesammelte Aufsätze zur Kirchengeschichte. Bd. 1 (Luther). Tübingen 1923 (2.& 3. Aufl.) [HOLL: Auslegungskunst], S. 449f.).

[79] MA, S. 17f. (WA 18, 609).

6. Als Erkenntnis Christi ist dieses innere Verstehen *qualitativer* Art. Es geht nicht um das Überbieten einer partiellen äußeren Erkenntnis durch eine innere. Sondern die Klarheit der Sache, das Licht Christi lässt auch die äußeren Worte „sachlich", d. h. der Sache entsprechend reflektieren.[80] Der Torso disparat herumliegender Textglieder fügt sich zusammen zum einen geistlichen Leib Christi.
7. Ohne innere Klarheit, d. h. ohne eine innere Erleuchtung durch den Geist, ist keine wahre Erkenntnis der Schrift möglich.

Die innere Klarheit ist weder innerlicher, esoterischer noch partieller Natur, sondern hat qualitativen Charakter. Durch das Wirken des Heiligen Geistes werden überhaupt keine vom äußeren Wortlaut abweichenden *Inhalte* vermittelt. „Das Evangelium lehrt nichts anderes als Christus, und die Schrift lehrt nichts anderes als Christus. Wer aber Christus nicht erkennt, der mag das Evangelium hören oder das Buch in den Händen tragen – aber verstanden hat er es damit nicht. Denn das Evangelium ohne dieses [nämlich ohne Christuserkenntnis] verstanden zu haben, ist dasselbe wie kein Evangelium haben."[81] Der Unterschied zwischen dem einfachen Wort und dem unter Geistwirkung geschehenden Wort besteht in der *Wirkung:* Ersteres, so erklärt LUTHER in einer Auslegung zu Römer 9,28, beschreibt eine Wirklichkeit, die es aber nicht bringt. Letzteres hingegen realisiert, was es beschreibt.[82] Als das Schöpfungswort ruft es ins Sein, wirkt das, was es ausspricht. Der Mensch wird aus sich selbst heraus in eine neue Realität gerufen, die als Herrschaftswechsel und Neuschöpfung erfahren wird. Selbst-, Welt- und Schrifterkenntnis spiegeln sich in einer „alter-nativen" Erfahrung, die sich von einem *anderen* Ursprung her *gezeugt* weiß. Diese Erfahrung zieht eine Bewegung nach sich, die von der sich als Verfügungsmacht gebärdenden eigenen Gerechtigkeit wegführt hin zu Christus als der fremden Gerechtigkeit. Sie

---

80 Das ist vergleichbar mit der Orientierung in einem Gebiet, dass man bei Nacht erstmals betritt. Wenn es nicht schon unmöglich ist, sich hier zurechtzufinden, so wird man doch bei der Einschätzung der Örtlichkeiten grobe Fehleinschätzungen in Kauf nehmen müssen, selbst wenn man seine Einzelheiten, beispielsweise Bergspitzen Abhänge oder Gesteinsreliefs, schemenhaft erkennen kann. Sichere Positionsbestimmung, Einschätzung von Farben und Entfernungen jedoch bleibt stets eine unsichere Sache. Erst nach Sonnenaufgang weicht durch die Brechung des Sonnenlichts das diffuse Grau der Räumlichkeit der Körper. Man versteht, wo man steht.

81 WA 10,1, I, 628, 2. LUTHER benutzt hier „Evangelium und Schrift" als Synonyme von „Wort und Geist", ebenso wie er gelegentlich die Bezeichnung „Gesetz und Evangelium" verwendet. Die sich daraus ergebende Scheidung ist jedoch nicht in einem objektivierenden Sinne gemeint, die am äußeren Schriftwort vollzogen werden könnte, sondern als Scheidung des Glaubens (vgl. dazu PRENTER: Spiritus, S. 114f.).

82 WA 56, 408, 6.13.

führt weg vom fleischlichen Wort, das die Gerechtigkeit nur beschreibt, hin zum Wort, das die Gerechtigkeit schenkt, das Christus darreicht.[83] Diese Zueignung Christi im Wort führt auch dazu, dass ein historisches Geschehen nicht abständiges metaphysisches Ereignis bleiben muss, sondern sich hier und jetzt Gemeinschaft stiftend in die menschliche Lebenswelt einsenkt.

2.3.2.3 Reziprozität von Sacherkenntnis und ihrer Vermittlung

Durch ein doppeltes Urteil sind die Lehrmeinungen, die verschiedenen Auslegungen der Heiligen Schrift zu prüfen: *„Zunächst durch ein inneres, womit durch den heiligen Geist [...] jeder beliebige für sich und sein Heil allein erleuchtet aufs gewisseste die Dogmata und Ansichten aller beurteilt [...] Dieses bezieht sich auf den Glauben und ist für jeden beliebigen Christen auch als Privatperson notwendig [...Das] andere Urteil[ist] ein äußeres..."* [84]

1. Der inneren Klarheit korrespondiert ein inneres Urteil der Geisterunterscheidung (Beurteilung von Lehrmeinungen).
2. Das äußere Urteil (gemäß dem Wortlaut der Schrift) benötigt als *notwendige* Vorbedingung („zunächst") das innere Urteil. D. h. es gibt kein sinnvolles Diskutieren über das äußere Wort, wenn nicht zuvor eine Erkenntnis der Sache vorliegt, d. h. dem Ausleger innere Klarheit geschenkt ist.
3. Die innere Klarheit der Schrift nimmt folglich auch eine Funktion nach außen wahr: Sie ermöglicht ein inneres Lehrurteil, indem sie in das Herz die Erkenntnis der Sache einschreibt und damit Maßstab für wahre Lehre, also rechte Rede von den auf Christus weisenden Worten der Schrift ist. [85]
4. Jedoch ist diese öffentliche Funktion nicht unmittelbar gegeben, sondern durch das äußere Wort vermittelt. Auf diesem Wege verbleibt die innere Klarheit auch keineswegs im Raum privater Innerlichkeit, sondern beurteilt die Lehre und Ansichten *aller*.
5. Wenn Luther betont, dass das innere Urteil auf den Glauben des Einzelnen („für sich") zielt, auf sein Heil, die innere Klarheit also erst einmal die persönliche Sphäre angeht, so ist dies als eine situative Zuspitzung zu deu-

---

[83] Vgl. Prenter: Spiritus, S. 115.

[84] MA, S.65 (WA 18, 653).

[85] Dass diese innere Erkenntnis nicht etwa ein diffuses Gefühl ist, sondern einen ganz handfesten materialen Gehalt impliziert, der auch für ein darauf aufbauendes äußeres Urteil konstitutiv ist, versichert Luther nachdrücklich (MA, S. 14 (WA 18, 605)): „Der heilige Geist ist kein Skeptiker, nicht Zweifel oder subjektive Ansichten hat er in unsere Herzen geschrieben, sondern verbindliche Aussagen, die gewisser und unerschütterlicher sind als das Leben selbst und alle Erfahrung."

ten, die sich aus dem Kontext der Textpassage ergibt: Die Auseinandersetzung mit Rom und den Spiritualisten macht es nötig, die Inanspruchnahme des „Geistes“ der Willkür des jeweiligen Auslegers zu entwinden[86] und ihn an das äußere Schriftwort bindend als *Heiligen* Geist zu qualifizieren (s. o. 2.1.3).

6. Die innere Erkenntnis der Sache verläuft von der *res* zu den *verba*, die öffentliche Vermittlung jedoch umgekehrt von den *verba* zur *res*.

Im Ereignis der *claritas interna* tritt Christus als die Mitte der Schrift selbst deutlich aus seinem Schriftwort heraus, verdeutlicht sich, sorgt für Klarheit, indem er sich erklärt und dem Menschen in seinem Licht Klärung widerfährt. Während der Schriftleser aus den Worten die Sache zu begreifen sucht, greift Christus nach ihm, das Erkennen des Schriftlesers führt zum Erkanntsein (vgl. 1Kor 8,3; 13,12; Gal 4,9). Menschlicher Erkenntnisweg und göttliches Offenbarungswirken vollziehen einen reziproken[87] Weg, verlaufen in einer theonomen Wechselwirkung.[88] Nur deshalb ist überhaupt wirkliche Gotteserkenntnis aus der Schrift möglich. Stünde nämlich die Gotteserkenntnis in einem zur Schrifterkenntnis analogen, anknüpfenden Verhältnis, würde sich das Maß an Gotteserkenntnis nach der intellektuellen Fähigkeit bzw. technischen Fertigkeit bemessen, Texte auf ihren Bedeutungsgehalt hin auszuwerten, dann wäre der Dogmatiker der beste Christ und jeder Legastheniker ein Heide… Aufgrund der Reziprozität des Erkenntnisvorganges ist es hingegen denkbar, trotz eines durchaus partikularen Begreifens

---

86 Das obige Schriftzitat steht im Zusammenhang mit LUTHERS „heftige[m] Kampf mit jenen Schwärmern, die die Schriften ihrem eignen Geist unterwerfen, um sie zu interpretieren, weswegen ich auch den Papst bisher angegriffen habe, in dessen Reich…man…den Geist als Interpreten vom Apostolischen Stuhl in Rom erbitten [müsse]“ (MA, S. 64 (WA 18, 653).

87 Der Begriff der Reziprozität stammt ursprünglich aus der Predigtlehre RUDOLF BOHRENS und hat dort die Funktion, menschlichen Methodengebrauch und Arbeit am Text mit dem davon unabhängig sich ereignenden, unverfügbaren Geistgeschehen der Predigt ins Verhältnis zu setzen. Diese Denkfigur wird hier übertragen auf das menschliche Verstehen, bei dem Erkenntnis der Sache und Vermittlung der Worte in analoger Weise einander zugeordnet sind.

88 Sogar OSWALD BAYER spricht neuerdings im Bezug auf den Erkenntnisweg zwischen Wort und Geist von einem „Wechselverhältnis“ (BAYER, OSWALD: Martin Luthers Theologie, Tübingen 2003, S. 73), allerdings entwickelt er in der Folge *explizit* lediglich die zum Allgemeingut lutherischer Theologie gehörende Gebundenheit des Geistes an das Wort. Sachlich scheint ihm die Abhängigkeit menschlichen Verstehens biblischer Texte vom Wirken des Geistes freilich schon vorher bewusst gewesen zu sein, geht er doch schon 1999 davon aus, dass „das Verstehen dieser [biblischen] Texte und der Glaube an das, was in diesen Texten gesagt ist, durch nichts anderes zu erreichen [ist] als durch denselben Geist, der jene Wunder tat und die Verfasser ihrer Erzählung bewegt hat“ (BAYER, OSWALD: „Wort und Geist“, in: Gott als Autor. Zu einer poietologischen Theologie, Tübingen 1999).

der Dinge von Christus ergriffen zu werden. Die Erkenntnis Gottes entzieht sich dem Bereich menschlicher Möglichkeiten. Sie ist nicht operationalisierbar, sondern ein Geschenk seiner freien Gnade.

Weiterhin erweist sich Christus in jenem reziproken Geschehen als Herr der Geschichte, wenn sich aus der Kenntnisnahme einer historischen Geschichte unverhofft eine Verwobenheit dieser mit der persönlichen Geschichte des Lesers ergibt und er daraus die Gewissheit ziehen kann, dass Gott bei ihm ebenso gegenwärtig ist, wie schon bei den Menschen damals in dieser oder jener biblischen Geschichte. Diese Geistesgegenwart realisiert sich als Gabe, ganz unangestrengt und unmethodisch jenseits von allen historisierenden Vergegenwärtigungsbestrebungen, Aufweis von Existentialien oder meditativen Bemühungen um ein inneres Erlebnis.

2.3.3 Die Verhältnisbestimmung von äußerer und innerer Klarheit als Frage nach einer zweistufigen Exegese

Der Problemhorizont der Interpretation der beiden Klarheitsaspekte, insbesondere ihres Verhältnisses zueinander, ist schnell abgesteckt, wenn man nur einmal die Rezeption von LUTHERS Schriftauslegung zur Kenntnis nimmt. Nahm der Pietismus, beispielsweise in der Person ZINZENDORFS, diese für eine *theologia regenitorum* in Anspruch, führte sie der Aufklärer SEMLER für eine Trennung von wissenschaftlicher Theologie und Privatfrömmigkeit ins Feld.[89] Unter Berufung auf die innere Klarheit betrachtete der Pietismus den Glauben für das Verstehen der Bibel als konstitutiv, während die Aufklärung sich mit dem Rekurs auf die äußere Klarheit von jedem Glaubensbezug dispensierte. Aus LUTHERS Betonung der Klarheit des äußeren Wortes leitete SEMLER ab, dass auch jeder Nichtwiedergeborene das Wort verstehen kann, ja muss, denn der Heilige Geist nähme niemandem ein eigenes Verstehen der biblischen Texte ab.[90]

Für die Schriftauslegung ergibt sich hier eine entscheidende Frage: Wenn die innere Klarheit (*claritas interna*) nicht aus menschlicher Kraft hergestellt werden kann: Ist der Ausleger damit der Sorge enthoben, sich darum zu bemühen, dass sie sich einstellt? Muss man gar folgern, dass ihn die innere Klarheit als auf die Seite Gottes gehörig *exegetisch* nicht mehr zu beschäftigen hat und er sich als Schriftausleger vielmehr auf eine rein menschlich verantwortete Exegese konzentrieren sollte, weil das „methodisch kontrollierte

[89] Vgl. BAYER: Theologie, S. 57f.
[90] Vgl. BAYER: Theologie, S. 60.

wissenschaftliche Arbeit[en]" als „Menschenwerk" vom gottgewirkten Geistwehen streng zu unterscheiden sei?[91]

Eine in dieser Art postulierte Zweistufigkeit der Exegese sollte misstrauisch machen, würde man doch auch sonst in der dogmatischen Analyse von Handlungsvollzügen im Bereich der Pneumatologie – und darum handelt es sich doch zweifelsohne, wenn es um die *claritas interna* der Heiligen Schrift geht – *niemals* Gottes Handeln und menschliches Handeln polar und quantifizierend einander gegenüberstellen! Vielmehr überlagert sich beides für das menschliche Erkenntnisvermögen unentwirrbar, so dass auch die Sprache nicht anders kann als im Paradox dem göttlichen Geheimnis die Ehre zu geben. So tut es beispielsweise Paulus, wenn er bei seinem Heiligungsaufruf in Philipper 2,12f. der Gemeinde ein Tun abfordert, dass sie selbst nicht zu garantieren vermag: „Schafft, dass ihr selig werdet, mit Furcht und Zittern. Denn [!] Gott ist's, der in euch wirkt beides, das Wollen und das Vollbringen."

Fast möchte man meinen, dass durch den Ruf nach einer Zweistufigkeit der Exegese die tridentinische Gnadenlehre im evangelischen Lager nun doch zu Ehren gebracht werden soll: „Wir tun bei der Schriftauslegung das, was wir aus eigener Kraft zu leisten in der Lage sind" *(facere quod in se est)* und den „Rest" – d. h. dass jemand durch die streng säkular *(etsi deus non daretur*[92]*)* gewonnenen Auslegungsergebnisse am biblischen Text dann auch noch glaubt – das muss der Geist gleichsam als Bonus in einem zweiten Schritt wirken.

Überhaupt stellt sich dann die Frage, welcher Natur die *claritas interna* unter diesen Umständen sein kann: Spielt sie lediglich im Inneren des Men-

---

[91] Diese Unterscheidung fordert z. B. WILFRIED HÄRLE (Dogmatik, Berlin 1995, S. 18) ein. Dabei ist es verwunderlich, dass er die „Leistungsfähigkeit von Methoden als *grundsätzlich begrenzt*" beurteilt, er darüber hinaus sogar um das „Angewiesensein des Menschen auf das erleuchtende Wirken des Heiligen Geistes" weiß, dass all diese heuristisch doch recht brisanten Erkenntnisse freilich für die *konkrete* Durchführung von Exegese offensichtlich völlig belanglos zu sein scheinen, wenn sich nach HÄRLE das „Menschenwerk" eigentümlich glatt auf eine „methodisch kontrollierte wissenschaftliche Arbeit einschließlich der Rechenschaft über die Methodenwahl" einebnen lässt.
Die Verwunderung lässt sich jedoch noch deutlich steigern, wenn man bei FRIEDRICH BEISSER (Claritas Scripturae bei Martin Luther, Göttingen 1966) zunächst erfährt (S. 161f.): „Dem Geist ist es auch allein vorbehalten, die Schrift recht auszulegen [...] Es ist der Heilige Geist, der allein die Schrift richtig erkennt (intellegit)." Fragt man sich nun, wie sich der menschliche Ausleger in diesem exklusiven Auslegungsgeschehen durch den Geist einbringen kann, so scheint hier kein konstruktiver Beitrag nötig zu sein. Im Gegenteil, wie auch immer der Ausleger sich am biblischen Text abarbeitet, jegliche Zugangsweise kann offenbar jenes „Wort schwerlich gefährden oder zerstören, auch wenn sie mit aller Radikalität der Kritik an die Schrift herantritt" (S. 190).

[92] „als ob es Gott nicht gäbe".

schen eine Rolle, sozusagen als ganz persönliche, aber nicht weiter intersubjektiv aussagbare Gewissheit des Glaubens, oder aber haftet ihr auch ein materialer „Mehrwert“ an, d. h. stellt sich unter ihrer Gegenwart gegenüber der rein äußeren Klarheit der Heiligen Schrift ein Erkenntnisgewinn ein? Wir hatten oben nachgewiesen, dass dieser erkenntnisspezifische „Mehrwert“ der *claritas interna* für LUTHER unbedingt in Anschlag zu bringen ist. Im Folgenden nun sollen einige Einwände skizziert werden, die aus LUTHERS Sicht eine zweistufige Schriftauslegung unmöglich machen.

2.3.3.1 Der epistemologische Einwand: Die Sache als Matrix

Gibt es *ein* Grundaxiom in der Schriftauslegung LUTHERS, so besteht dies in der Untrennbarkeit von Wort und Geist. Würde nun niemand ernsthaft bestreiten, dass ein Verständnis der Sache nur über ein Verstehen der Worte erfolgen kann, so dürfte jener andere Grundsatz LUTHERS – *Non res verbis, sed verba rebus subiecta sint*[93] – schon nicht mehr allseits konsensfähig sein. Mit dem Erfassen des Wortsinnes ist nämlich für LUTHER das wahre Verstehen der Sache noch nicht gewährleistet. Vielmehr ist das wirkliche Verständnis der Worte aufgehoben in einer noch höheren Einheit: dem Verständnis der Sache, das – obwohl durch die Worte vermittelt – nicht in ihnen aufgeht, sondern eine von oben vermittelte Gabe Gottes ist.[94] „Die Sachen sind die rechten Lehrmeister. Wer die Sachen nicht versteht, kann nicht aus den Worten den Sinn herausholen.“[95] Kommen also die Gegner LUTHERS zu einer anderen Auslegung bestimmter Stellen, liegt das daran, dass sie die Sache nicht verstanden haben. Ein unterschiedliches Verständnis von der *Sache* zwingt sie dann in der Folge, den *Text* so auszulegen, dass er der ihnen vorschwebenden Sache entspricht. Folgerichtig entbrennt der Streit am Text, der dann in den Partien, die dem Sachverständnis der Gegner zuwiderlaufen, plötzlich als „geheimnisvoll“ oder gar „unverständlich“ deklariert werden muss.[96] „Christus ist das Haupt und der Herzog der Gerechtigkeit, die Worte sind die Knechte und Glieder“[97], so expliziert LUTHER seinen Grundsatz von der Prävalenz der Sache vor den Worten nach der inhaltlichen Seite hin. Es geht in der Heiligen Schrift um Christus und nichts anderes. Betrachtet man die Schrift unter einem anderen Blickwinkel, so wird die ganze Betrachtung

93 „Nicht liegt die Sache den Worten, sondern [umgekehrt] die Worte der Sache zugrunde.“ WA 5, 634,14.

94 Vgl. ROTHEN: Klarheit, S. 110.

95 WA TR 5, 26,11f.

96 Vgl. ROTHEN: Klarheit, S. 106.

97 WA 39 I, 47, 17.

schief, bildlich gesprochen, es wird eins der Glieder zum Haupt erklärt, womit man dem ganzen Organismus der Schrift nicht mehr gerecht werden kann.

So etwas geschieht beispielsweise dort, wo ERASMUS die Schrift auf ihre pädagogische Funktion hin liest. LUTHER attestiert ihm deshalb, dass er die Sache der Schrift noch gar nicht erkannt hat. Wichtig ist dabei, dass dieses Nichterkennen nicht nur ein noetischer Lapsus ist, sondern auch soteriologische Konsequenzen hat. ERASMUS' in der Schriftauslegung fehlende Christuserkenntnis positioniert ihn in der vorchristlichen Situation unter dem Gesetz. Dass er die Schrift nicht von Christus her, sondern „historisch" liest, dokumentiert, dass ERASMUS ihren Inhalt gar nicht zur Kenntnis genommen hat, bzw. die Glaubensgewissheit, dass Christus der Herr und Herrscher über alle Dinge ist, dass alles zu und auf ihn hin geschaffen ist, bei der Schriftauslegung einfach außen vor lässt, als ob es Christus nicht gäbe![98] Summa summarum: ERASMUS versteht nichts von der Sache der Bibel. Er zeigt sich ihr gegenüber so resistent, dass er sich ihr nicht einmal zu entziehen versucht. Sie ist ihm schlicht gleichgültig. Darüber vermag auch nicht hinwegzutäuschen, dass er zur eigenen Rechtfertigung nachträglich eine Lehre von Christus in sein Schriftverständnis einträgt. Auch die kann nicht verhehlen, worum es ERASMUS eigentlich geht, was ihm als vermeintliche Sache der Schrift wichtig ist: Ein unsäglich verflachter Gottesgedanke, der Gott Jakobs als schöngeistige Kraft, als Garant der Gesetze des sittlichen Lebens und Träger einer platten Menschenfreundlichkeit.[99]

Wenn LUTHER dagegen wahre Schrifterkenntnis an die Erkenntnis Christi als die Sache der Schrift rückbindet, gewinnt er daraus die Gewissheit der sicheren Verortung einzelner Schriftstellen im Textganzen einerseits und des Bewahrtbleibens vor falschen Gewichtungen des einzelnen Wortes andererseits. Besonders sein Festhalten an der reformatorischen Erkenntnis gegenüber den Einwänden der römischen Gelehrten macht dieses Grundprinzip LUTHERS eindrücklich deutlich: „Wenn Christus selbst der Preis meiner Erlösung ist, [...] so halte ich mich nicht bei einzelnen Schriftstellen auf, und wenn du davon sechshundert für die Werkgerechtigkeit gegen die Glaubensgerechtigkeit anführtest [...] Ich habe den Urheber und Herrn der Schrift und will lieber auf seiner Seite stehen als dir glauben, wiewohl es ja unmöglich ist, dass die Schrift gegen die Glaubensgerechtigkeit kämpfe."[100]

Man kann sagen, dass die Sache der Schrift für LUTHER als eine Art Matrix fungiert, die eine sachgemäße Einordnung der einzelnen Schriftworte im

98 Vgl. BUCHHOLZ: Lehrstreit, S. 90.

99 Vgl. ROTHEN: Klarheit, S. 117.

100 WA 40 I, 458ff. zit. n. ROTHEN: Klarheit, S. 113.

Rahmen des Ganzen garantieren soll. Die Sache hat von daher das erkenntnisbildende Primat über die Worte, wenn auch der Zugang zu dieser Sache nur von den Worten her erfolgen kann. Konsequenz ist, dass die *claritas interna* nicht auf einen subjektiven Bereich persönlich-privater Glaubensgewissheit reduzierbar ist, sondern einen tatsächlichen materialen, inhaltlichen Effekt auf das Ergebnis der Schriftauslegung hat.

2.3.3.2 Der hamartiologische Einwand: Ohne Geist ist der Ausleger mit sich allein

Hatten wir zuvor das Verhältnis von Wort und Geist dahingehend bestimmt, dass der Geist zwar durch das Wort vermittelt wird, jedoch gleichzeitig eine gewisse Eigenständigkeit gegenüber dem Wort beansprucht, so soll nun diese „freie Gebundenheit" zum Gegenstand der Überlegungen werden.

Schaut man sich die Verhältnisbestimmung zwischen Wort und Geist bei LUTHER an, ist eine Spannung zwischen der Freiheit vom und der Gebundenheit des Geistes an das Wort unübersehbar. Diese ist nicht als Entwicklung erklärbar, wonach LUTHER die Wortgebundenheit etwa erst im Zuge der Auseinandersetzung mit den Schwärmern gewonnen hätte. Die Spannung ist auch nicht logisch auflösbar, sondern nur christologisch zu erklären. Wort und Geist sind voneinander geschieden wie Verheißung und Erfüllung, Gebet und Erhörung, Zeichen und Wirklichkeit. Die Spannung zwischen beiden Gedankenreihen ist nicht eine rein logische, sondern in der Spannung des Glaubens selbst begründet.[101] Die Differenz von Wort und Sache ist nicht methodisch einholbar, sondern fußt in einer Wirklichkeit, die sich nur im Akt der Offenbarung erschließt. Dieses Offenbarungsgeschehen bewirkt, dass das Wort der Schrift als Gottes Wort von Jesus Christus gehört wird, und zwar als ein Wort, in dem Christus sich selbst als Gabe vermittelt. Ohne das Wirken des Geistes jedoch bleibt das Wort „nur eine Beschreibung des Lebens ..., zu dem wir berufen sind"[102], nicht jedoch das Leben selbst als Gabe, die Zueignung der Sache selbst. Ohne den Geist bekommt man von Christus nicht mehr als eine Schilderung. Denn der Geist ist der göttliche Bereich der realen lebendigen Gegenwart Christi. Außerhalb dieses Bereiches ist Christus nur eine Idee, die menschliche Frömmigkeit nur Fleisch und das Schriftwort totbringendes Gesetz.[103]

---

101 Vgl. PRENTER: Spiritus, S. 112. Der Versuch rationaler Auflösung dieser Spannung gipfelt etwa in der orthodoxen Inspirationslehre mit ihrem Binden des Geistes an die Schrift oder auch der historischen Schriftauslegung, die die „religiös wertvollen" Bestandteile der Bibel zu isolieren versucht.

102 PRENTER: Spiritus, S. 125.

103 Vgl. PRENTER: Spiritus, S. 132.

Das bedeutet nicht, dass das Wort Gottes, wie es uns in der Heiligen Schrift vorliegt, aufhören würde, Wort Gottes zu sein, wenn es ohne Geisteinwirkung gelesen würde. Das Wesen einer Sache wird nicht (wie bereits ausgeführt; s. o. 2.2.2) durch seinen falschen Gebrauch in Frage gestellt. Jedoch betont LUTHER, dass „niemand Gott, noch Gottes Wort recht verstehen [mag], er habe es denn ohne Mittel von dem Heiligen Geist“[104]. Das liegt nicht daran, dass erst unter Geistwirkung das Schriftwort, oder gar nur bestimmte Teile davon, zum Gotteswort *würden* – nein, die Schrift *ist* immer schon Gotteswort – aber der Mensch erkennt es ohne den Geist nicht als solches, sondern zerrt jegliche Phänomene, ob sie nun göttlich oder geschöpflich sind, unter das Gesetz der Sünde, d. h. unter die Gesetzmäßigkeit der in sich selbst verkrümmten Sündennatur. Ob Gott, Welt oder Mitmensch – alles wird unter ihrem Zugriff von ihrer verabsolutierten Geschöpflichkeit her gedeutet. In dieser Selbstdeutung verwandeln sich alle Dinge in Gesetzesstrukturen, selbst das Evangeliumswort der Schrift wird Gesetz, unterliegt der Verfügungsgewalt des Auslegers, der sie dann „geist-los“ zu „wissen“ bekommt bzw. eine Lehre von ihr ableitet.

Die Bibel nennt diesen Zustand des natürlichen Menschen „tot“, weil hier die Versorgungsleitung zum lebendigen Gott vom Menschen her gekappt ist. Wirkliches „Leben“ ist nach biblischem Verständnis nur von Gott her möglich. Er ist das Leben und schenkt den Geist, „der lebendig macht.“ Das gilt für alle Dinge des geschöpflichen Lebens, zu denen auch die Schriftauslegung gehört. Ohne den Geist ist der Mensch nur Fleisch, das „vergeht wie des Grases Blume“, nur durch den Geisthauch Gottes ist der Mensch Mensch, und nur durch den Geist seine Schriftauslegung in Sachzugewandtheit lebendig.

Ohne den Geist verbleibt der Ausleger im Bereich des Todes. Das Wort Gottes ist zwar auch ohne den Geist weiterhin wirksam, allerdings nicht als Wort zum Heil, sondern als Wort, das verstockend seine Wirkung zum Heil entzieht, indem es seine Sache vor dem Ausleger verbirgt. Die „Sache“ ist nämlich die Gabe des Lebens für den Ausleger als die Selbstgabe des Christus. Diese Sache kann man nicht wissen bzw. über sie verfügen. Als in seinem Wort real Gegenwärtiger ist Christus ein Wunder und kann nicht menschlich gesichert werden, wie ein Christusideal oder auch jenes Gefühl, das aus der Affizierung durch die religiöse Erhabenheit der Person Jesu herrührt.[105] Wirkliches Verstehen der Heiligen Schrift als Verstehen ihrer Sache unterliegt

---

104 WA 7, 546, 24.

105 Vgl. PRENTER: Spiritus, S. 128.

nach LUTHER überhaupt nicht menschlicher Kraft, sondern wird im demütigen Gebet empfangen.[106]

2.3.3.3 Der anthropologische Einwand: Der innere Mensch ist außer sich

Wenn LUTHER von der „inneren Klarheit", also der Klarheit spricht, die auf das Innere des Menschen zielt, so darf nicht außer Acht gelassen werden, was er unter dem „inneren Menschen" versteht. Man kann das an den Stellen ersehen, wo LUTHER von der Schriftauslegung als „Meditation" spricht, einem Vorgang also, den man gewöhnlich mit einer Bewegung nach innen, einer Verinnerlichung der Texte identifiziert. Das Überraschende bei LUTHER ist aber, dass er den Akt des Meditierens auf das äußerliche Wort (*verbum externum*) hin pointiert, es als äußerlichen Vorgang versteht. Das „Innen" der *claritas interna* ist demnach keine Innerlichkeit, die sich in einen Gegensatz zum äußerlichen Wort setzen ließe. Das wird auch an seiner Übersetzung des Vulgata-Textes deutlich, die LUTHER für den Wortstamm „medita-" (der sich in Psalm 119 am häufigsten findet) verwendet: Er übersetzt mit „auslegen", in der Auslegung zu Psalm 119,15 paraphrasiert er „hervorbringen, ausstreichen, ausputzen" – alles Wendungen, die eine Bewegung *nach außen* bezeichnen. Nicht *in* sich selbst hineinhören, sondern *außer* sich geraten soll der Mensch. „Sein Innerstes lebt außerhalb seiner selbst allein in Gottes Wort."[107] Er hat sein Herz in dieses Wort hinein gleichsam enhypostasiert. Das Wesen des Wortes macht es notwendig, innen und außen zusammenzuhalten und nicht – denn genau das ist das Wesen des Schwärmertums – beide von einander zu scheiden.

Indem LUTHER betont, dass der Geist (und damit die innere Klarheit) nicht anders als durchs äußerliche Wort gegeben wird, kann sich auch die neuprotestantische Diastase von Privatem und Öffentlichem, individualisiert-subjektiver „Religion" und wissenschaftlich-objektivierender Theologie nicht auf ihn berufen.[108] Gerade im gesprochenen, verkündigten äußerlichen

---

106 WA 3, 516, 39: „Hoc est dicere, quod Scriptura non est in potestate nostra, nec in facultate ingenii nostri, […] sed humiliari et orare oportet ut inclinet ad nos illum." In biblischer Sprache wird die Unverfügbarkeit dieses Verstehens im Bild des Geruchs veranschaulicht (2Kor 2,14ff.): Die Offenbarung des göttlichen Wortes zieht wie ein Geruch am Ausleger vorbei. Er kann die Schwaden nicht festhalten. Sie kommen. Sie verschwinden wieder. Es können zwei beieinander stehen: Der eine nimmt sie als Wohlgeruch „zum Leben" wahr, der andere vernimmt nichts von diesem Leben in der Heiligen Schrift. Nur der „Geruch des Todes" der Textleichen weht zu ihm hinüber. – „Wer aber ist dazu tüchtig?" fragt der Apostel rhetorisch und bescheidet damit die Frage nach der Operationalisierbarkeit dieses Geschehens negativ.

107 Vgl. BAYER: Theologie, S. 86f.

108 Vgl. BAYER: Theologie, S. 88f.

Wort spricht Gott. Dieses ist Gegenstand des Glaubens und so nicht in die private Sphäre zurückdrängbar. Diese Form des „Inneren" ist einer als suspekte, ungreifbare Größe verstandenen Innerlichkeit entgegengesetzt, in der man nach LUTHERS Auffassung eher Gespenster als den Heiligen Geist findet. Er möchte demnach beides ausgeschlossen wissen: Eine reine *Äußerlichkeit*, in der sich der Geist *ex opere operato* an das Wort bindet, so dass es, wie nach dem Verständnis der Römischen Kirche für das geistliche Amt verfügbar wird. Ebenso eine reine vom Wort losgelöste *Innerlichkeit*, die die Bedeutung der Schrift aus den Tiefen der menschlichen Geistigkeit zu entnehmen hofft, wie es der Spiritualismus tut.

Der Spiritualismus ist übrigens kein Phänomen, das historisch an die Reformationszeit gebunden wäre. So kann man auch bei einem in der Tradition Schleiermachers stehenden Lutherforscher, namentlich K. HOLL, beobachten, dass er das „mehr" der inneren Klarheit im Affekthaft-Leidenschaftlichen verortet, einer mystischen, über den reinen Wortsinn hinausgehenden Erfahrung, durch die man sich in die Stimmungen der biblischen Autoren gleichsam einschwingt.[109] So definiert HOLL Textauslegung als „seelische[s] Verstehen des grammatisch richtig Aufgefassten", die sich in einer doppelten Annäherung von zwei Seiten vollzöge: Einmal in der wissenschaftlichen Arbeit am Wortlaut, andererseits im stetigen Anwenden des Christentums auf das eigene Leben, um in permanentem Hören und Abgleich mit dem eigenen Innenleben ein „Gehör für die Sache" zu entwickeln, so dass der Text letztendlich Anschauung und Gefühl wird.[110] Wo sich wissenschaftliche Auslegung und persönliches Verständnis des Textes auftut, fühlt [!] sich „der Mensch durch die sich vor ihm auftuende Wahrheit ...wie neugeboren"[111].

HOLL überwindet den Zweischritt zwischen wissenschaftlicher Theologie und privater Frömmigkeit und erkennt sogar die Vorordnung der Sache vor den Worten, wenn er beobachtet, dass man nach LUTHER schon eine Ahnung vom Sinn des Textes haben muss, um ihn zu enträtseln. Allerdings bezahlt HOLL diese Erkenntnisse mit der Immanentisierung des „Geistlichen" durch eine Methodisierung der Reziprozität des Verstehensvorganges. Beide Seiten des Verstehens, äußere und innere Klarheit sind für HOLL anthropologisch einholbar, weil das Geistgeschehen psychologisierend mit der menschlichen „Innerlichkeit" identifiziert wird. In gleicher Weise geht grundsätzlich auch die RITSCHL-Schule mit ihrem antimetaphysischen Impetus vor. So hält R. OTTO ein inneres Wirken des Geistes als Interpretament für LUTHERS Theo-

---

109 Vgl. HOLL: Auslegungskunst, S. 556.

110 Vgl. HOLL: Auslegungskunst, S. 569.

111 Vgl. HOLL: Auslegungskunst, S. 577.

logie im Grunde für „völlig überflüssig“. Dies sei vielmehr eine „supranaturale Begleitvorstellung zur psychologisch durchsichtigen Wirkungsweise des Wortes“[112].

Analog zu dieser Fehldeutung des Neuprotestantismus verfahren auch seine unmittelbaren Erben, die BULTMANN-Schule mit ihrer existentialen Interpretation. Wenn ihr großer Lutherforscher GERHARD EBELING in seinem epochemachenden Aufsatz zur historisch-kritischen Methode[113] durch die „Zerschlagung historischer Sicherungen“ die Fortführung der Reformation im Sinne LUTHERS erblickt, wurzelt dies in seinem als „neues Selbstverständnis“ verstandenen Glaubensbegriff. Anders als der Glaube LUTHERS ist diese Gewissheit, diese innere Klarheit aber nicht an die Gewissheit des äußeren Wortes rückgebunden, das selbstverständlich an einen geschichtlichen Ort weist, sondern an die Unanschaulichkeit einer existentialen Geschichtsdeutung. Hängt der Glaube aber an der persönlichen Deutung, so ist es doch letztlich wieder ein menschliches Werk, auf das sich die eigene Gewissheit stützt. Die reformatorische Erkenntnis von der Gerechtigkeit durch den Glauben allein ist hier verraten, die Gewissheit des „neuen Selbstverständnisses“ als fleischliche Sicherheit (*securitas*) entlarvt.

Interessant ist übrigens, dass in der Lutherrezeption der Verinnerlichung (Subjektivierung) der inneren Klarheit der Schrift eine Veräußerlichung (Verobjektivierung) der äußeren Klarheit korrespondiert. So wurde in der Orthodoxie die *claritas* zur *perspicuitas scripturae*. Erhellt bei LUTHER das klare Licht der Schrift die menschliche Dunkelheit und legt den Menschen aus, so ist es nun das menschliche Geisteslicht, das die Schrift wie eine Glasscheibe durchleuchtet. Der Ort der inneren Klarheit verlagert sich ins Innere des Menschen, die äußere Klarheit ist als Irrtumslosigkeit am äußeren Wort abzulesen. Analog identifiziert der Neuprotestantismus die äußere Klarheit gar mit dem historischen Schriftsinn und verlegt die innere Klarheit in den Menschen hinein (s. o.). Der bei LUTHER auf das *extra nos* des Wortes verwiesene Mensch ist nun wieder ganz bei sich, geworfen auf die eigene Gerechtigkeit, die ihm der mit Hoheitstiteln aus der Requisitenschatulle eigener subjektiver Deutungskraft hochdekorierte Christus als Projektion und Reflexion des eigenen Ichs in gespenstischem Echo zuspricht.

---

112 PRENTER: Spiritus, S. 334.

113 Vgl. EBELING, GERHARD: Die Bedeutung der historisch-kritischen Methode für die protestantische Theologie und Kirche, in: Ders. Wort und Glaube, Tübingen 1960.

2.3.3.4 Der prozedurale Einwand: Vita passiva statt Theorie und Praxis

Gegen eine zweistufige Schriftauslegung spricht zuletzt, dass theologisches Arbeiten und Gnadenerkenntnis durch den Geist bei LUTHER nicht voneinander separabel sind, sondern der Mensch zur theologischen Arbeit durch den Geist erst ermächtigt wird. Im Gebet erwartet der Mensch das Werk Gottes, das er nur erleiden kann. Nicht *contemplatio* und *actio*, Theorie und Praxis bilden die Koordinaten dieses Ansatzes, sondern die *vita passiva*, die dem Menschen ein Lernen jenseits aktiven Erwerbs und Reproduktion von Wissen schenkt.

Dieser Unterschied ist weiterhin vermerkt in der Differenz zwischen spezifisch neuzeitlichem „Wissen“ und LUTHERS „Erkennen“.[114] Dieses Erkennen ist als Leiden wesentlich „sentire“, d. h. ein passives Aufnehmen durch die Sinnesorgane. Dieses *sentire* orientiert sich gemäß LUTHERS Auslegung von Psalm 51 an der *cognitio dei et hominis* als der Verhältnisbestimmung von sündigem Menschen und rechtfertigendem Gott und stellt sich als Erkenntnis erst auf einem Lebensweg ein, nicht zeitlos, verfügbar und jederzeit reproduzierbar im Korsett Descartesscher Methodentheorie. Schriftauslegung ist so verstanden nicht machbar, operationalisierbar, menschlichem Verfügungsstreben unterworfen. Die Heilige Schrift legt sich eben *selbst* aus.

In diesem Sinne ist auch LUTHERS dreigliedrige „Regel“ zur rechten Schriftauslegung (Oratio-Meditatio-Tentatio) vom neuzeitlichen Methodenbegriff deutlich zu unterscheiden.[115] Dieser gilt im folgenden Kapitel unsere Aufmerksamkeit.

---

114 Vgl. BAYER: Theologie, S. 81.

115 Vgl. BAYER: Theologie, S. 83.

3. Der Weg der Schriftauslegung als ergriffenes Begreifen

Zur Darstellung von LUTHERS Position einer sachgemäßen Schriftauslegung halten wir uns an seine Vorrede zum ersten Band der Wittenberger Ausgabe der deutschen Schriften von 1539.[116] Dort heißt es: „Meditatio Tentatio Oratio [Schriftbetrachtung, Anfechtung, Gebet] machen einen Theologen." Dabei ist zu beachten, dass es sich nicht um drei nacheinander abzuarbeitende Regeln handelt – die Reihenfolge ihrer Nennung hätte prinzipiell auch anders erfolgen können –, sondern um drei prozedural ineinander greifende Perspektiven, die konstitutiv für den Umgang mit dem biblischen Text sind. Die folgende Darstellung beginnt mit der Oratio, dem Gebet, um die uneingeschränkte Offenheit und Empfangsbereitschaft des Bibellesers gegenüber Gott hervorzuheben, die das ganze Auslegungsgeschehen gleichsam wie eine Klammer umgreift. Zusammenfassend könnte man sagen: Ein Theologe ist, wer von der Schrift ausgelegt wird, sich von ihr auslegen lässt und sie anderen Angefochtenen auslegt.

3.1 Oratio (Gebet)

Schriftauslegung ist bei LUTHER hineingestellt in den gemeinschaftlichen Glaubensweg Gottes mit dem Menschen. Sie speist sich aus einer Erkenntnis, die nicht aus eigener Kraft generiert wird, sondern von Gott je als Gnade empfangen wird. Diese Erkenntnis kann als Akt des Glaubens niemals Werk, sondern nur Geschenk sein. Darum ist diese Erkenntnis auch nie eine verfügbare, im Begriff oder einer Erfahrung konservierbare, „hab-bare" Erfahrung, die man etwa als einen Bewusstseinsinhalt „abspeichern" könnte. Vielmehr ist sie an das ständige Bleiben im Wort gebunden, das die menschlichen Gedanken nie umfassen können, weil seine Wahrheit keine abstraktbegriffliche ist, sondern eine Person.[117]

Liegt die zu gewinnende Erkenntnis nicht im Bereich menschlicher Möglichkeit, so steht sie aber in der ständigen Gefahr, durch menschliche – externe und interne – Störfaktoren überlagert zu werden. *Einerseits* kann es dem Ausleger passieren, dass er das Wort Gottes aufgrund all der anderen menschlichen Worte nicht mehr glaubend zu vernehmen vermag. Besonders in der

---

116 Vgl. WA 50, 659, 3f.

117 Vgl. ROTHEN: Klarheit, S. 140.

Konfrontation mit verschiedenen Lehrmeinungen konnte LUTHER betonen, wie wichtig es ist, das Wort Gottes im Gebet immer wieder zu „reiben und zu treiben", betend stetigen Umgang mit ihm zu haben. Seine Auslegung von Psalm 119 trägt beispielsweise den Untertitel: „nützlich zu beten, um das Wort Gottes zu erheben wider den großen Feind desselben, den Papst und Menschenlehre"[118] und er arbeitet als seine beiden Hauptfunktionen heraus: 1. Gott will uns auf seinem Weg, in seinem Gebot und Gesetz führen, lehren und behalten. 2. Er will uns vor Menschenlehre bewahren. Der betend gelesene Psalm hat demnach eine Schutz- und Bewahrungsfunktion in Leben und Lehre, bietet Lebensorientierung, wo andere Worte den klaren Willen Gottes zu verdunkeln drohen.

Diese „anderen Worte" müssen *andererseits* nicht unbedingt immer von außen auf den Menschen einwirken. Oft sind es gerade die eigenen inneren Stimmen und Gedanken, die das stärkste Störpotential gegen das Hören auf Gottes Reden ausmachen. „Das Wort zu erheben", es groß und laut werden zu lassen im eigenen Sinn gegen den Sinn des inneren menschlichen Stimmengewirrs, das kann eigentlich nur da geschehen, wo diese Worte nicht nur zu Gedanken neben anderen Gedanken werden, sondern wo sie selbst als lebendiges Gegenüber dem Ausleger entgegentreten, seinen eigenen Ideen gegenüber widerständig werden. Der klassische Ort für eine solche Widerständigkeit ist das Gespräch, in dem der Gesprächspartner deutlich macht, was er sagen möchte. Das Gespräch zwischen Gott und Mensch findet statt im Gebet. Hier ereignet sich jene Widerständigkeit, die dem Ausleger deutlich macht, wie Gott sein Wort verstanden wissen will. LUTHER lässt unmissverständlich klar werden, dass er diesen Dialog zwischen Gott und Mensch nicht als informellen Austausch von Meinungen gleichwertiger Partner versteht, sondern dass der menschliche Sinn durch Gottes Wort unter Umständen schärfste Korrektur erfährt. Wiederum zu Psalm 119 erklärt LUTHER: „Jener Psalm verwirft unsere eigenmächtigen Bemühungen und ruft zurück zur Quelle und lehrt, dass der Heilige Geist kommen werde und unseren Geist austreibt."[119]

Die Lage des natürlichen Menschen ist in LUTHERS Augen so ernst, dass es wohl beizeiten eines regelrechten Exorzismus bedarf, um das menschliche Erkenntnisvermögen auf Gott auszurichten, so dass ER in Seiner Schrift zu Wort kommen kann. LUTHER betont, dass der Mensch die Heilige Schrift mit seiner natürlichen Vernunft nicht nur unzureichend, sondern überhaupt nicht verstehen kann, wenn sie nicht durch einen gottgewirkten Sterbeprozess geführt wird: „Denn wo einer hie nicht über seine Vernunft kömmet und

---

118 Vgl. MÜLHAUPT, S. 416.

119 WA 7, 97, 32-35, zit. n. SLENCZKA: Schrift, S. 73f.

sich selber verleugnet, der würde in der heiligen Schrift gewisslich anlaufen. Darum kann sie die Welt nicht verstehen, als die von der Mortifikation und Tötung des alten Adams gar nichts weiß noch verstehet."[120]

LUTHER führt auch noch genauer aus, welchen Gefahren die natürliche Vernunft unterliegt. Zu Psalm 119,2 heißt es: Es geht darum, die Zeugnisse Gottes zu erforschen, wogegen die Menschen aus eigenem Sinn eher dazu neigen, diese Zeugnisse zu „verdrehen nach ihrem eigenen Sinn, als sollten die Zeugnisse Gottes ihren [d. h.: der Ausleger] Sinn erforschen".[121] Die Texte stehen also in der Gefahr, zur Auslegung der eigenen Gedanken missbraucht zu werden. Modern gesprochen: Man betreibt Eisegese statt Exegese.

Im Gebet findet dagegen eine Neuausrichtung auf das Wort Gottes statt, die alle Sinnes- und Willenskräfte des Menschen umfasst. Psalm 119,10 („Von ganzem Herzen habe ich dich gesucht") paraphrasiert LUTHER mit den Worten: „... nicht wie die Philosophen, die nur mit dem Verstand suchen, aber nicht mit dem Gemüt"[122]. Der *ganze* Mensch ist in der Schriftauslegung gefordert, nicht nur einige ausgewählte intellektuelle Kräfte. Damit diese Kräfte alle gebündelt auf ein richtiges Verstehen des Textes hinarbeiten, wird, so formuliert LUTHER in einer Tischrede, „unserer Vernunft der Heilige Geist als Praeceptor [Lehrer] entgegengestellt"[123].

3.2 Meditatio (Schriftbetrachtung)

Wenn es sich tatsächlich so verhält, dass gerade auch die inneren Stimmen des Menschen nicht als Verbündete für ein rechtes Verstehen des Redens Gottes gelten können, der Ausleger sich also selbst dann im hermeneutischen Feindesland befindet, wenn er ganz bei sich ist, so erscheint es um so verständlicher, warum die Meditatio nach LUTHER gerade nicht als innerlicher Vorgang gefasst sein kann, sondern nur in der Verknüpfung mit dem *verbum externum* seine reinigende Stoßkraft entfaltet. Die soteriologische Zentralbestimmung der Reformation, das „extra nos", führt auch in der Schriftauslegung das Heft, wenn es gilt, das Herz des *incurvatus*, des in selbstbezogener – „idiotischer" – Verkrümmung befindlichen Sünders, in der Externität des göttlichen Wortes zu gründen. „Sein Innerstes lebt außerhalb seiner selbst allein in Gottes Wort."[124] Oder anders: Befreiung von seiner Situation findet

[120] WA TR 1, 27,19–26 (76).
[121] MÜLHAUPT, S. 401.
[122] MÜLHAUPT, S. 402.
[123] Vgl. BAYER: Theologie, S. 71.
[124] BAYER: Theologie, S. 86.

der „Idiot" nur in der „Ekstase". Gegen die ständige Gefahr, durch den eigenen Geist ausgelegt zu werden, will die Heilige Schrift kontinuierlich gelesen werden, bis der Heilige Geist sich gegen den menschlichen Geist durchsetzt und in der Schrift selbst zu sprechen anfängt: Dazu „sollen wir ... allein an die heilige Schrift desto mehr und desto beharrlicher unsern Schweiß setzen, je gegenwärtiger die Gefahr ist, dass einer sie durch seinen eigenen Geist verstehe, auf dass der Brauch dieser beständigen Mühe solche Gefahr überwände und uns endlich des Geists der Schrift gewiss machte, der außer in der Schrift überhaupt nicht gefunden wird. Denn hier hat er sein Gezelt aufgeschlagen ..."[125]

Hatten wir es in der Oratio mit der Innenperspektive zu tun, die den äußerlichen Nachvollzug des Schriftwortes an das Gespräch mit Gott bindet, um das Verstehen nicht durch die störenden Einflüsse anderer – externer und interner – Gespräche, Worte und Gedanken zu gefährden, so knüpft die Meditatio das Innenleben des Menschen an ein äußeres Wort, das im Auslegungs- und Verstehensprozess als Einweisung auf einen Weg und in eine Zeit dient, die nicht der Verfügungsgewalt des Meditierenden unterliegt. Das äußere Schriftwort dient als eine Art fester Ankerpunkt, der verhindern soll, dass sich die Meditation im Strudel der eigenen Gedankenkreise verliert, eingesogen durch die Nichtigkeit des um sich selbst kreisenden sündigen Menschen. Zu entgehen ist dem nur durch ein beständiges Bezogensein auf den Anker des Wortes („einen sicheren und festen Anker unsrer Seele"; vgl. Hebräer 6,17), in dessen Kraftfeld man den Turbulenzen des eigenen Ichs entzogen ist, und so ein Zu-stehen-kommen und damit ein neues Ver-stehen möglich wird. In LUTHERS Schilderung der Meditatio wird die sich stets wiederholende, kreisende Bewegung förmlich greifbar, wenn er dazu auffordert, „innerlich nach[zu]denken, das Innere erforschen, immer dem innerlichen Geist folgen, sich nichts verbauen, sich keine Grenze setzen, als ob man schon am Ende des Verstehens oder Tuns angelangt sei". Darum soll man nicht eine vorläufige Meinung als wahre Bedeutung des Textes ausgeben, sondern „immer darnach trachten [actio] und darauf warten [contemplatio], es zu tun und zu verstehen... und niemals davon ablassen, mehr zu tun und zu verstehen"[126].

Meditatio geschieht in einem ganz bestimmten Sprachraum, an den sich der Heilige Geist gebunden hat, nämlich an die Worte der Schrift, durch die er den Beter belehrt, zurechtweist und tröstet.[127] Inneres und Äußeres gehen

---

[125] WA 7, 96,35ff. zit. n. ROTHEN: Klarheit, S. 42.

[126] WA 4, 319, 27ff. (aus den Scholien zur ersten Psalmenvorlesung 1513/15), zit. n. MÜLHAUPT, S. 438.

[127] Vgl. BAYER: Theologie, S. 95.

bei LUTHER dabei überraschend eine Verschränkung ein, die den Prozess des Verstehens als soteriologisches Geschehen in Umkehrung zu den empirischen Erkenntnisvollzügen erscheinen lassen (s. o. 2.3.3.4): Das Verstehen des in äußerlicher Gestalt vorliegenden Bibeltextes erfährt durch den innerlichen Vollzug des Gebetes die Bedingung seiner Möglichkeit. Die Verinnerlichung theologischer Inhalte wird an die Externität des Wortes rückgebunden. Es ist evident, wie LUTHER diese Verstehensvorgänge aus dem Wesen der Schrift entwickelt, wie sie oben in der Dialektik von *claritas externa* und *interna* beschrieben sind. Die Oratio korrespondiert dann der *claritas interna* der Sache der Schrift, die Meditatio entsprechend der *claritas externa* des Wortes. Es gilt auch hier, dass die Worte von der Sache her beleuchtet und verstanden werden – nur wenn „die Sache", wenn Gott im Gebet selbst zu sprechen beginnt, ist Schrifterkenntnis im Vollsinne möglich. Und nur wo sich der Ausleger in der Meditatio an die Äußerlichkeit des Schriftwortes bindet, ist er befreit vom Stimmengewirr einer gespenstischen Innerlichkeit, befreit zum inneren Menschen in der Realität des „Christus in uns".[128]

Eine von dieser Art Innerlichkeit herkommende Schriftauslegung nimmt ihren Ausgangspunkt nicht im Inneren des Menschen, etwa beim eigenen „Glauben" oder der empfundenen Religiosität, für deren Ausdruck dann a posteriori passende Schriftzitate gesucht werden, sondern beim biblischen Text. Der Ausleger begegnet dem Text nicht als ein Besitzender in den Dingen Gottes, er „hat" weder Religion, noch ein „Wissen" von Gott, noch auch ein Programm für dessen praktische Umsetzung. Er begegnet Gott nach LUTHER vielmehr als Bettler („Wir sind Bettler. Das ist wahr."), der ganz und gar auf den Empfang aus Gottes Hand angewiesen ist: Das gottesfürchtige Herz „fragt am ersten, ob es Gottes Wort sei. Wenn es das hört, so dämpft es mit Händen und Füßen diese Frage, wozu es nütze oder not sei. Denn es spricht mit Furcht und Demut also: Mein lieber Gott, ich bin blind, weiß wahrlich nicht, was mir nütze oder not sei, wills auch nicht wissen, sondern glaube und traue dir, daß du es am allerbesten weißt und meinst nach deiner göttlichen Güte und Weisheit, ich lass mir genügen und bin dazu froh, daß ich dein bloßes Wort höre und deinen Willen vernehme"[129].

---

[128] LUTHERS Dialektik mit ihrer chiastischen Verschränkung von innen und außen, Wort und Sache, zeigt deutlich, dass eine Trennung von wissenschaftlicher Theologie und „Religion" bzw. persönlichem Glaubensvollzug, wie sie in der Aufklärung (unter Berufung auf LUTHER!) geschah, und im Neuprotestantismus selbstverständlich übernommen wurde, von LUTHERS Wortverständnis her unter keinen Umständen durchzuhalten ist. Vielmehr offenbart sich in diesem Ansinnen eine Traditionsfolge, die sich durch ihre Trennung von Wort und Geist wohl weit eher vom Spiritualismus herleitet.

[129] WA 23, 247, 32ff.

Eine als Christuseinwohnung verstandene Innerlichkeit des Menschen prägt nun auch den *Erkenntnis- bzw. Verstehensbegriff* in ganz besonderer Weise: Schrifterkenntnis im Vollzug der Meditatio richtet sich auf eine personale Wirklichkeit als Gegenstand, besser: als Gegenüber des Verstehens. Erkenntnis braucht und kann so nicht den Weg der Bemächtigung über ihren Gegenstand gehen, sondern gestaltet sich als Aneignung des zugeeigneten Evangeliums. Das Auslegen des Textes ereignet sich als Hineingeholtwerden in die Zueignung durch das Gegenüber. In der Konfrontation mit dem äußerlichen Wort gerät der Mensch außer sich und wird so in seinem Innersten berührt und verändert: Christus kommt zu uns, wird zum „Christus in uns" durch die äußere Wortverkündigung.[130] Erkenntnis geschieht auf dem Weg der *vita passiva* als Widerfahrnis, das glaubend als Geschenk, niemals als menschliches Werk erfahren wird.

In gleicher Weise wird nach dem Erkenntnisbegriff nun auch die *menschliche Erfahrung* von der „neuen Innerlichkeit" her einer Neubestimmung unterzogen, da die Christusgegenwart im Gegensatz zu allem „Greifen und Fühlen" herkömmlicher empirischer Wirklichkeit und Erfahrung steht. Er ist nur als der Christus des Glaubens real gegenwärtig und zeigt seine Lebendigkeit dadurch, dass er Menschen durch das Predigtwort anspricht. Dort kommt die Einheit von Offenbarung und Verhüllung der Christuswirklichkeit zum Ausdruck und macht alle Versuche zunichte, ihn in Erfahrung und Gefühl zu begreifen.[131] Stehen Christusgegenwart und menschliche Erfahrung zumeist in einem Gegensatz zueinander, so kann letztere niemals Erkenntniskriterium für erstere sein. LUTHER warnt deshalb in seiner Schrift „Wider Hans Worst" davor, das in der Predigt ausgerichtete Wort Gottes über das eigene Innere zu stellen, und dabei der Versuchung zu erliegen, das Wort von der eigenen Subjektivität her zu beurteilen. Dabei weist er auch darauf hin, dass ein Zusammenhang zwischen Vertrauen auf eigene Erfahrung und Werkgerechtigkeit besteht, und betont, dass zum Seligwerden aus Glauben allein auch das gehöre, dass dem Menschen seine dann als Gemächte der Sinne entlarvte Erfahrung aus der Hand geschlagen wird.[132]

---

130 Vgl. BAYER: Theologie, S. 91.

131 Vgl. PRENTER: Spiritus, S. 124.

132 Vgl. PRENTER: Spiritus, S. 340.

3.3 Tentatio (Anfechtung)

Der Abschnitt zu Luthers Verständnis von „Meditatio" (3.2) endet mit der Feststellung, dass dem Menschen in der Hinwendung zu Christus und seinem Wort auch die eigene Erfahrung als Maßstab für eigene Lebensdeutung suspekt wird. Damit ist die Brücke zu dem, was LUTHER „Tentatio" (Anfechtung) nennt, bereits geschlagen. Im Glauben wird die eigene Erfahrung in die Krisis des Wortes geführt, man macht eine „Erfahrung mit der Erfahrung"[133] (E. JÜNGEL), in der das Schriftwort jenseits aller geschichtlich-anthropologischen Bezüge als Gotteswort erkannt wird und im Leben Bewährung erfährt. Dabei erweist sich diese Wahrheit im Leben nicht als bruchlos positive Anknüpfung an die Empirie, sie ist nicht evident bzw. in Kontinuität zu menschlicher Erfahrung, sondern sie leuchtet dort auf, wo jemand sein Leben diesem Wort anvertraut, es wagt, danach zu handeln und unter seiner Führung in unbekanntes Gebiet vorzustoßen. „Nicht verstehen mußt du, sondern wollen, nicht wissen, sondern tun, was gehört wird", kommentiert LUTHER Psalm 119,105 („Dein Wort ist meines Fußes Leuchte") und betont, dass es eben nicht die *Augen* sind, denen das Wort leuchtet[134], ja, dass im Gegensatz zu aller menschlichen Weisheit der Verstand erst erblinden muss, damit sich ein Mensch von Gott bereitwillig führen lässt.[135] Erst wo sich jemand von diesem Wort leiten lässt, es bereitwillig erleidet, stellt sich jene spezifisch christliche Glaubenserfahrung ein, die als Erfahrung des Kreuzes das Schriftwort als „Lebewort" erfahren lässt.[136] Da diese Gotteserfahrung sich nach LUTHER ausdrücklich gegen menschliche, aus der Empirie gewonnene Erfahrung einstellt, ist sie nur durch die Anfechtung hindurch zu haben. Die Anfechtung ist der Prüfstein des Wortes Gottes, das gegen eben diese Anfechtung seine Wirksamkeit und Glaubwürdigkeit erweist. Tentatio

---

[133] Vgl. JÜNGEL, EBERHARD: Gott als Geheimnis der Welt, Tübingen 1992, (6. Auflage), S. XIII, 40, 225. Schon vorher in Ders.: Unterwegs zur Sache, München 1972. S. 8.

[134] LUTHER fragt: „Warum aber heißt es nicht: meiner Augen Leuchte und Licht für mein Sehen?" Und er gibt zur Antwort: „Denn die Augen muss man gefangen nehmen unter dem Gehorsam Christi und sich vom Wort allein führen lassen, das man nicht sieht,...Denn wir glauben unsichtbare, aber nicht unhörbare Dinge" (WA 4, 356, 7ff., zit. n. MÜLHAUPT, S. 439f.).

[135] In Kontrastierung der Weisheit des Glaubens zu der der Welt gewinnt die Antithetik LUTHERS eine Strenge, die man sonst wohl eher bei S. KIERKEGAARD vermutet (WA 4, 356, 7ff., zit. n. MÜLHAUPT S. 440): „So erleuchtet der Glaube nicht den Intellekt, ja er macht ihn sogar blind, sondern den Affekt." – „Nicht so das Wort des Buchstabens und menschlicher Weisheit: dies entleert den Glauben, weil es begreiflich macht, was es sagt und sich als eine Leuchte der Augen erzeigt [...] Darum sind die Glaubenspraktiker erleuchteter als die Glaubensspekulierer."

[136] Vgl. BAYER: Theologie, S. 101.

ist somit zu verstehen als Bewährung des erkannten Gotteswortes in der Erfahrung. Nicht Erfahrung an sich macht also schon den Theologen, sondern die als Anfechtung qualifizierte Erfahrung der Heiligen Schrift.[137]

Sind existentielle Erfahrung und Verstehen der Schrift derart miteinander verwoben, wird einmal mehr deutlich, dass die Trennung von wissenschaftlichem und persönlichem Umgang mit der Heiligen Schrift für LUTHER ein Ding der Unmöglichkeit ist. Schriftauslegung und Selbsterkenntnis laufen beide über das Scharnier der angefochtenen Gotteserfahrung. Schriftauslegung ereignet sich nach LUTHER nie anders als in der Erfahrung des Ausgelegtseins von Gott durch das Medium der Schrift. „Die Erfahrung, die ich mit der Schrift mache, ist die, dass sie mich auslegt und damit für ihre Auslegung selbst sorgt, ihr eigener Interpret ist", resümiert O. BAYER.[138] Oder in biblischer Terminologie: „Nachdem ihr aber Gott erkannt habt, ja vielmehr von Gott erkannt seid" (Gal 4,9) bzw. „... dann aber werde ich erkennen, wie ich erkannt bin" (1Kor 13,12). Schrifterkenntnis und Gotteserfahrung als zwei Seiten der einen Medallie ereignen sich nicht unter menschlicher Verfügungsgewalt als Wissen um den literarischen *Wort*bestand einer antiken Quelle, sondern in der durch Geistesgegenwart gewirkten Erkenntnis der *Sache*, wie sie sich nur auf dem Wege der *vita passiva* zu lernen schenkt.

Standen Oratio und Meditatio, respektive *claritas externa* und *claritas interna* primär unter der Perspektive des *Erwerbs* von Schrifterkenntnis, richtet die Tentatio das Augenmerk auf den *Umgang* mit diesem „Wissen" im geschichtlichen Vollzug und pointiert damit (eine Differenz von Wissen und Erfahrung implizierend) den Erkenntnisbegriff auf seine geschichtlich-existentielle Dimension hin: Die Anfechtung „lehret dich nicht allein wissen

---

137 An diesem Punkt ist wohl der eklatanteste Unterschied zu LUTHERS Gegner ERASMUS im Streit um den Ansatz des Schrift-, ja Theologieverständnisses bezeichnet: ERASMUS steht für einen Typ von Theologie, der seinen Ausgangspunkt bei der erfahrbaren, vorfindlichen Wirklichkeit, einer philosophischen Anthropologie nimmt, und dem deshalb nicht von ungefähr ein fleischgewordener Gott – gar noch als Zentrum des theologischen Denkens – als Fremdkörper erscheinen muss. Als Konsequenz erwächst ein theologischer Ansatz, der wesentlich apologetisch motiviert ist und zur Verteidigung und Entschuldigung der natürlichen Vernunft vor Gott und Rechtfertigung des freien Willens vor ihm dient. An der Klarheit der Schrift kann ERASMUS nicht wirklich gelegen sein, ebensowenig wie an der Gewissheit theologischer Aussagen. Denn er will sich die Schrift ja gerade vom Gewissen fernhalten. Er sucht nicht Frieden des Gewissens, sondern Frieden des Fleisches, einen Waffenstillstand zwischen einem rationalistisch geprägten Wirklichkeitsverständnis und dem Ärgernis des Kreuzes. Theologie dient letztlich dem Selbstschutz des autonomen Menschen vor Gott (vgl. dazu auch EBELING, GERHARD: Evangelische Evangelienauslegung, Eine Untersuchung zu Luthers Hermeneutik, in: Forschungen zur Geschichte und Lehre des Protestantismus, 10. Reihe, Bd.1 (Hrsg. v. E. Wolf), München 1942, S. 326–328).

138 BAYER: Theologie, S. 102.

und verstehen, sondern auch erfahren"[139]. Wirkliches Verstehen hat eine Konsequenz nach der Seite des Lebens hin, ist nicht auf seine intellektuelle Dimension reduzierbar. Wirkliches Verstehen impliziert das Zu-stehen-kommen an einem der Erkenntnis gemäßen Ort, der im Leben bewährt sein will. Mit dem Wahrnehmen des Textes dringt man nicht punktuell zu vollständiger Erleuchtung vor, die einem die Hilfe des Heiligen Geistes entbehrlich machen würde, sondern man bleibt zeitlebens im Lernen, Hören und Handeln auf ihn angewiesen. Die personal verstandene theologische Wahrheit ist geschichtlicher Natur und sperrt sich gegen einen im Bereich „ewiger", axiomatischer Wahrheiten operierenden Zugriff. Der Gesichtspunkt der Zeit schiebt sich zwischen die Methoden und verweigert ihnen, den „bestallten Richtern" und Exponenten neuzeitlicher Machtförmigkeit, sich ihres Erkenntnisgegenstandes zu bemächtigen und ihn zur Antwort zu zwingen.[140]

Als das grundsätzlich nicht Machbare kommt die Anfechtung als Widerfahrnis daher. In ihr ereignet sich das neuschaffende Werk des Heiligen Geistes. Nach der anthropologischen Seite hin stellt sich dieses als Verzweifeln des Sünders am Gesetz dar, als Ende der Operationalisierbarkeit menschlicher Vollzüge hinsichtlich der Dinge Gottes, in schmerzlicher Entlarvung dieses Erkenntnisdranges als Bemächtigungsstreben und menschliche Selbstbehauptung gegenüber Gott, als den hybriden Wunsch nach dem Habhaftwerden Gottes im Akt der Erkenntnis gemäß der Verheißung der Schlange: „Ihr werdet wie Gott sein."

Indem der Mensch derart an sich selbst und seinem Wissen verzweifelt, ergreift er die ausgestreckte Hand des ihn durch das Wort rufenden Christus. Indem er sich auf dieses Wort verlässt, führt ihn der Geist aus der Anfechtung des Gesetzes hinein in den Raum des Evangeliums, aus dem Gemächte eigener Ideen und des Imperativs religiöser Deutungen hinein in den Bereich der Wirklichkeit Christi, in dem der Geist uns „mit unaussprechlichem Seufzen" vertritt. Durch die Anfechtungserfahrung hindurch wird das Wissen zur erfahrenen Erkenntnis des Glaubens, es ereignet sich jene Metamorphose, die die Differenz zwischen einer *fides historica* und echtem Christusglauben markiert. Analog ist auch die wirkliche Unterscheidung zwischen Gesetz und Evangelium nicht eine logische Operation – das ist freilich kinderleicht, *formal* zwischen Forderung und Gabe zu unterscheiden –, sondern eine geistliche Kunst, die in der Anfechtung gelernt wird.[141]

Oft, nicht nur in der Auseinandersetzung mit den Schwärmern bzw. mit Zwingli, hat LUTHER die in der Anfechtung begründete Differenz zwischen

---

139 Vgl. BAYER: Theologie, S. 98.

140 Vgl. BAYER: Theologie, S. 93.

141 Vgl. PRENTER: Spiritus, S. 209f.

einem durch den realen *Christus praesens* geprägten Glauben gegen eine idealistische Imitatio-Frömmigkeit ins Feld geführt. Ein Auszug aus einer Wochenpredigt zu Johannes 6–8 soll diesen Abschnitt über die Tentatio beschließen, der noch einmal in besonders eindrücklicher Weise herausstellt, dass auch das Denken nebst allen hermeneutischen Bemühungen in der Schriftauslegung nicht in einem neutralen Bereich stattfindet, sondern in jenem heilsentscheidenden Spannungsfeld zwischen Selbstrechtfertigung aus dem Eigenen und Rechtfertigung allein durch den Glauben: „Wenn es kompt zur Anfechtung, das sie schaden sollen leiden am leibe, ehre oder gutt undt sonderlich, wen man sterben sol oder verbrennet werden, do ist Christus nicht doheim, da werden es die gedancken nicht thun. Dan was seindt deine gedancken anders dan deine werck, krafft und naturliche vernunfft undt eine Creatur? solle aber ein schrecken des gewissens unterdruckt werden, der teuffel verjagt, der todt uberwunden werden, da wirdt eine göttliche gewalt zugehören undt nicht ein gedancken."[142]

---

[142] WA 33, 226, 4ff.

4. Auf der Suche nach dem Fragwürdigen

Im Verlauf dieser Darstellung von LUTHERS Lehre zur Klarheit der Schrift dürfte deutlich geworden sein, dass den Verfasser nicht lediglich ein museal-historisches Interesse an dem Schriftausleger LUTHER motiviert, sondern dass er allen Ernstes Antworten auf Fragestellungen und Aporien sucht, die in der Theologie der Gegenwart im Schwange sind. Zu nennen wäre hier ein bis heute ungebrochener Optimismus gegenüber der Methode als wissenschaftlicher Zentralkategorie und ihrem Anspruch, als *das* Medium zur Vergegenwärtigung biblischer Texte in unsere Zeit hinein zu fungieren. Nicht fehlen dürfte auch die weithin entweder verdrängte oder aber rationalistisch umgeformte Rede vom Wesen der Inspiration biblischer Schriften. Weiterhin drückt die Frage nach der Berechtigung einer *theologia regenitorum* bzw. der üblichen Trennung von wissenschaftlicher Theologie und Privatfrömmigkeit als ihre Dunkelfolie. Nicht zuletzt der ganze Komplex der Schriftkritik und ihrer Suche nach einem „archimedischen", d. h. nicht willkürlich, sondern legitim gewählten Ort ihres Ansetzens sowie die hamartiologisch zweifelhafte Integrität ihres Subjektes gehören zu den Frag-Würdigkeiten, denen man die Antworten LUTHERS auf Fragen seiner Zeit zumindest korrelativ entgegenhalten kann.

Sicher, manche unserer Fragen waren LUTHER und seiner Zeit fremd, ebenso wie uns heute die eine oder andere Frage seiner Zeit fremd erscheint. Mit der Fremdheit einer Sache ist aber nicht ihre Frag-Würdigkeit beschieden, denn es ist ja nicht auszuschließen, dass sich diese Fremdheit aus einer Entfremdung der zeitgenössischen Theologie von ihrer eigentlichen Sache erklären ließe. Nicht das Datum einer Frage entscheidet über ihre Haltbarkeit – das Haltbarkeitsdatum interessiert in der Regel überhaupt nur dort, wo der Tod bereits eingetreten ist – wir denken etwa an die Fleischtheke des Supermarktes. Bei lebendigen Dingen, zu denen wir ja voller guter Hoffnung auch die Theologie rechnen wollen, ist das *angemessene* Fragen durch das *Maß* bezeichnet, das der Erkenntnisgegenstand selbst vorgibt, d. h. die Sachlichkeit einer Frage bemisst sich an der Sache selbst. Jeder andere Zugang wäre im wahrsten Sinne des Wortes *anmaßend*.

Untersuchen wir die Antworten LUTHERS zur Frage nach einer rechten Schriftauslegung auf ihre Sachlichkeit, so ergeben sich diese konsequent aus seiner Wesensbeschreibung der Heiligen Schrift. Weil die Heilige Schrift für LUTHER nicht „Mausoleum eines einstmals lebendigen Geistes" ist (so der SCHLEIERMACHER der Reden), sondern Sprachraum des Geistes, der lebendig macht, in dem dieser sich selbst verdeutlicht, darum ist auch für die Schriftauslegung *sachlich* ein anderer Weg vorgegeben, als ihn die Theologie seit der Aufklärung in der Regel beschreitet.

Als zentraler Differenzpunkt LUTHERS zur heutigen Schriftauslegung wurde seine Ablehnung einer zweistufigen Exegese herausgearbeitet, die sich aus der Verhältnisbestimmung von innerer und äußerer Klarheit als der dem Wesen der Heiligen Schrift entsprechende Erkenntnisweg ergibt. Die Frage nach der zweistufigen Exegese kann im Bezug auf die oben gestellten Fragen als eine Art unausgesprochenes Epizentrum in Sachen Schriftauslegung gelten. Von LUTHERS Seite ergibt sich, wie wir sahen, ein mindestens vierfacher Einspruch gegen die Auftrennbarkeit des Auslegungsgeschehens in Wort- und Geistdimension, wissenschaftlich-historische Exegese und „erbaulich-geistliche" Schriftauslegung. Ihrer Natur nach bezeichnen diese Einwände die epistemologische, hamartiologische, anthropologische und prozedurale Dimension des Auslegungsgeschehens und umreißen damit die neuralgischen Punkte, die in einem Verstehens- und Interpretationsvorgang konstitutiv sind: Die Erkennbarkeit des zu interpretierenden „Erkenntnisgegenstandes", den menschlichen Interpreten, das (Miss-) Verhältnis von Interpret und Interpretiertem und den eingeschlagenen Weg der Erkenntnissicherung.

Die Ganzheitlichkeit der in LUTHERS Programm Oratio-Meditatio-Tentatio eingeschlagenen Schriftauslegung speist sich aus einer Weltsicht, wie sie in unserer Zeit in manchen Kultursegmenten zumindest als eine Ahnung über die menschliche Grundsituation zum Vorschein kommt. Man ahnt, dass dem eigentlich Problematischen an wesentlichen Fehlentwicklungen in unserer Welt nicht durch verfeinerte Techniken beizukommen ist, durch eine Eschatologie des Fortschritts, sondern dass das eigentliche Problem der Fortschreitende selber ist: der Mensch, der sich im Grunde seiner selbst nicht sicher sein kann, weil er vor sich selbst nicht sicher ist. LUTHER hat von diesen Dingen weit mehr verstanden als viele theologische Zeitgenossen heute, wenn er dem Schriftausleger in der Erwartung eines göttlichen Widerfahrnisses Entlastung von sich selbst verschafft, von seinen notorisch lügenhaften Umdeutungen der Schrift einerseits und der Verabsolutierung seiner eigenen Gedanken andererseits, und ihn damit mit einer Realität konfrontiert, durch die er ausrufen darf: „So lebe nun nicht ich, sondern Christus lebt in mir..."

Gleichzeitig ist damit dem Machtstreben des Menschen Einhalt geboten, das durch die Anwendung immer neuer Techniken von seiner eigenen Unreformierbarkeit ablenkt. Durch das permanente Aufbringen von neuen Fragestellungen und der Erschaffung neuer verfremdender Kategorien, verdichtet im für die neuzeitliche Wissenschaft konstitutiven Medium der Methode, bemächtigt sich der unheilbar Kranke der Heiligen Schrift. LUTHERS negative Antwort auf eine Methodisierbarkeit der Schriftauslegung liegt in der Tentatio: Sie lautet „absterben" – an sich selbst, seinen Ideen, Erfahrungen, Gottesbildern verzweifeln und sich im Wunder der Wiedergeburt der theologischen Vernunft ganz neu in Christus wieder zu finden. Nur durch diesen

Bruch ist „Verstehen der Sache“ möglich. All das ist als „Programm“ völlig untauglich. Oder wäre es vorstellbar, dass an theologischen Fakultäten anstelle des Erlernens immer weiter verfeinerter methodischer Zugangsweisen der Bußruf zum „Absterben“ in den Mittelpunkt rückt? Das ist der Stoff aus dem Komödien sind, oder sollte man besser sagen „Tragödien“?

Reihe „Edition Ichthys“, Band 1

Hellmuth Frey / Hans-Jürgen Peters

Geistliche Schriftauslegung

72 Seiten, Paperback
ISBN 3-7655-9092-4

„Wie kann die Heilige Schrift heute in rechter Weise ausgelegt werden?“
Die Diskussion über diese Frage wird hier neu mit der These angeregt, dass der angemessene Umgang mit der Heiligen Schrift ein geistlicher ist.
Die Bibel muss geistlich verstanden werden.
Dabei wird zurückgegriffen auf einen bahnbrechenden Aufsatz von Hellmuth Frey.
Hans-Jürgen Peters nimmt diesen Ansatz auf und entfaltet ihn systematisch.
Die bisherige Diskussion wird damit weiter vorangetrieben.

Reihe „Edition Ichthys", Band 2

Thomas Jeromin

Die Bibel über sich selbst

Das Selbstverständnis der biblischen Schriften
Eine Einführung

118 Seiten, Paperback
ISBN 3-7655-9097-5

„Die Liebe ist nicht allein der Gegenstand der Heiligen Schrift, sondern auch der Eingang zu ihr." (Blaise Pascal)
Wer kennt das nicht: Christen unterhalten sich in Hauskreis, Bibelstunde oder in einer Diskussion über kontroverse Themen. Da kommt unweigerlich die Frage ins Spiel: Wie begründen wir unsere Meinungen? Welche Bedeutung und Autorität hat die Bibel dabei für uns? Es gibt viele Untersuchungen über das Bibelverständnis berühmter Theologen. Solche Gedanken zur Schriftauslegung sind oft anregend. Aber sie können niemals die Frage ersetzen: Was sagt die Bibel über sich selbst? Wie will sie angemessen verstanden sein? Dieses Buch geht anhand zahlreicher Bibelstellen diesen Fragen nach. Die wichtigsten Stellen werden eingehend besprochen.

BRUNNEN VERLAG GIESSEN
www.brunnen-verlag.de